BIG SHOTS! PLACES DIE GEHEIMNISSE DER LOCATION-FOTOGRAFIE.

HENRY CARROLL

MIDAS

BIG SHOTS! PLACES

Die Geheimnisse der Location-Fotografie

Midas Collection
ein Imprint der Midas Verlag AG
ISBN 978-3-03876-106-8

4. Auflage

Übersetzung: Claudia Koch
Fachliche Beratung: Thomas Dralle
Bildrecherche: Peter Kent
Projektleitung, Art Direction: Gregory C. Zäch

www.midas.ch
facebook.com/bigshotsbook

Midas Verlag AG
Dunantstrasse 3, CH-8044 Zürich
E-Mail: kontakt@midas.ch

Englische Originalausgabe:
Laurence King Publishing Ltd, London

Die deutsche Nationalbibliothek verzeichnet diese Publikation in der Deutschen Nationalbibliografie; detaillierte bibliografische Daten sind im Internet über http://dnb.d-nb.de abrufbar.

BIG SHOTS! PLACES DIE GEHEIMNISSE DER LOCATION-FOTOGRAFIE.

HENRY CARROLL

Wo sind Sie?

Schauen Sie sich einmal um. Wie würde ein Bild aussehen, das Ihre Gedanken und Gefühle über den Ort ausdrücken sollte, an dem Sie sich gerade befinden? Schwierig, nicht wahr?! Aber vielleicht hilft das.

Beim Fotografieren von Orten geht es immer um: was, wann und wie.

»Was« für ein Ort regt Ihre Ideen oder Emotionen an – Wildnis, Industrieszenen, Orte mit historischer Bedeutung? »Wann« würden Sie fotografieren – frühmorgens, am Tage, während der Dämmerung oder tief in der Nacht? »Wie« wollen Sie fotografieren – weiter oder enger Fokus, Weitwinkel- oder Teleobjektiv, klassische Komposition oder unorthodox? Verbinden Sie diese drei Elemente miteinander und Ihre Fotos gewinnen eine wahre Bedeutung.

Dieser Prozess verläuft manchmal unbewusst, weil Sie instinktiv handeln. Dann wieder ist er bewusster, weil Sie sich ein bestimmtes Konzept überlegt haben. Versuchen Sie beim Betrachten der 50 Bilder hier, immer an das »was, wann und wie« zu denken, das die Meister zu ihrem Ergebnis geführt hat. Auf diese Weise werden auch Sie zu den Orten geführt, die ihnen etwas bedeuten.

Außerdem ist es wichtig, die Prozesse hinter den Bildern zu verstehen und einige technische Kenntnisse zu erwerben. Falls Sie also ein Foto-Anfänger sind, empfehle ich Ihnen, zuerst *Big Shots! Die Geheimnisse der weltbesten Fotografen* zu lesen. Das liefert Ihnen eine solide technische Grundlage, während Ihnen dieses Buch verrät, wie Sie diese Kenntnisse kreativ auf das Fotografieren von Orten anwenden.

Wie gehabt werde ich mich nicht allzu sehr mit dem ganzen technischen Kram aufhalten. Es gibt nämlich etwas viel Wichtigeres zu bedenken, und genau damit fangen wir auch an.

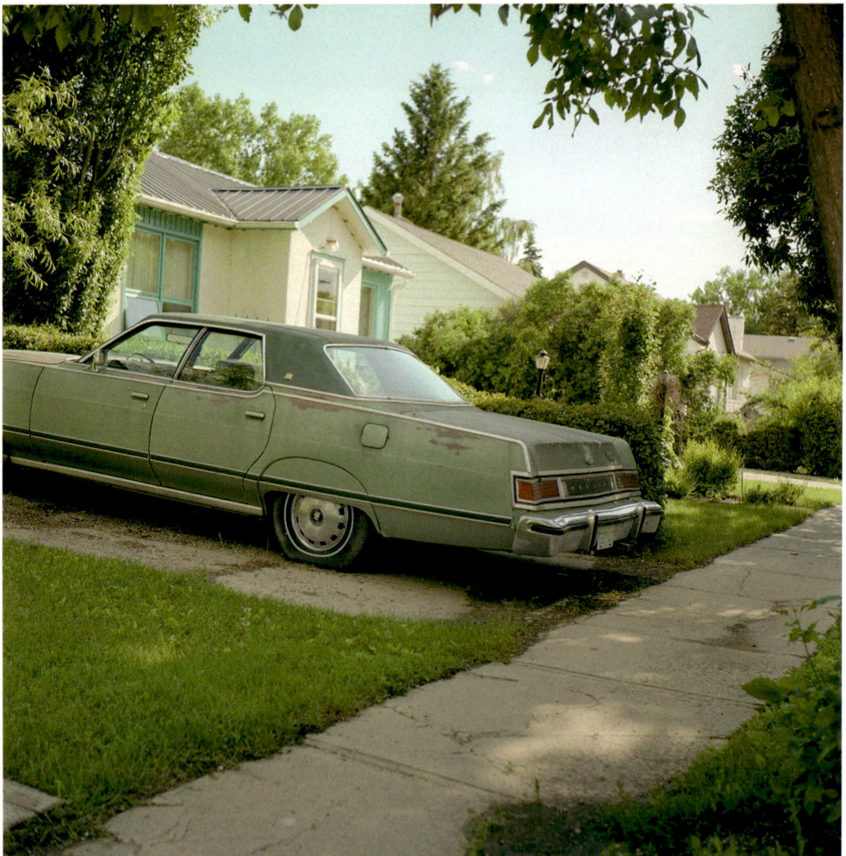

Population 477
aus der Serie »Out West«
Kyler Zeleny
2012

Wo stehen Sie?

KOMPOSITION

Komposition. Es geht darum, Ordnung zu finden, wo anfangs nur Chaos zu sein scheint. Es geht darum, mit Ihrem Blick Informationen zu filtern. Es geht darum zu vereinfachen, was Sie sehen, bis alles in einem einzigen stimmigen Bild zusammenfließt.

Klassische Kompositionstechniken wie Führungslinien, Beschränkung auf dem Vordergrund, Symmetrie und die Drittelregel (die Sie sicher alle kennen) sind ungemein wichtig, wenn man Orte fotografiert. Oft allerdings sind diese »Lösungen« angesichts einer Szene nicht direkt offensichtlich.

Wirklich, es läuft auf zwei Dinge hinaus: Ihren linken Fuß und Ihren rechten Fuß.

Kyler Zeleny weiß genau, wo man stehen muss. Da er sich die Zeit nimmt, exakt die richtige Stelle zu finden, herrscht in seinem Bild absolute Ordnung. Alle Elemente dieser Komposition wirken zusammen und erheben eine unscheinbare Einfahrt zu einem wunderbar ausgewogenen Arrangement aus Linien und Farben.

Vielleicht müssen Sie kilometerweit laufen oder einfach nur einen Schritt nach links oder rechts treten, denn wenn Sie Orte fotografieren, hat Ihre physische Position einen riesigen Einfluss auf die *Bedeutung*. Deswegen sind alle Fotografen in diesem Buch ausgesprochen wählerisch, was ihren Standort betrifft. Um dazuzugehören, müssen Sie es ebenfalls sein.

Solide Grundlagen

Weitere Beispiele:
Kyler Zeleny S. 8
Mitch Dobrowner S. 19
Reiner Riedler S. 96

Falls die Stadt der Engel jemals Engel hatte, sind sie hier in Julius Shulmans legendärem Foto des Stahl House abgebildet.

In diesem Foto wird die Stimmung des Orts außerordentlich gut eingefangen. Die modernistische Architektur, die hier vor dem Nachthimmel erleuchtet ist, erhebt diese Damen aus dem Tal der zerbrochenen Träume darunter empor. Während sie dort sitzen, ins Gespräch vertieft, scheint alles mit der Welt in Ordnung zu sein. Alles ist friedlich.

Lassen Sie sich von Ihren Augen an die richtige Stelle führen.

Shulmans Position betont die Linien in der Szene, die uns in das Bild hineinziehen und eine Art visuelle Geschichte erschaffen. Im Vordergrund führen uns die Linien einer Liege zum Haus hin. Selbst die Platzierung der Kissen wirkt wie ein diskret zeigender Finger. Die Architektur leitet uns dann nach drinnen zu den Damen, bevor das überhängende Dach uns wieder nach draußen begleitet, entlang den Boulevards von Los Angeles bis hin zum Horizont.

Suchen Sie vom Vordergrund bis zum Hintergrund immer nach den Führungslinien. Sie können versteckt oder offensichtlich sein. Doch ohne eine Struktur, die Ihrer Komposition zugrundeliegt, ist der Betrachter verloren.

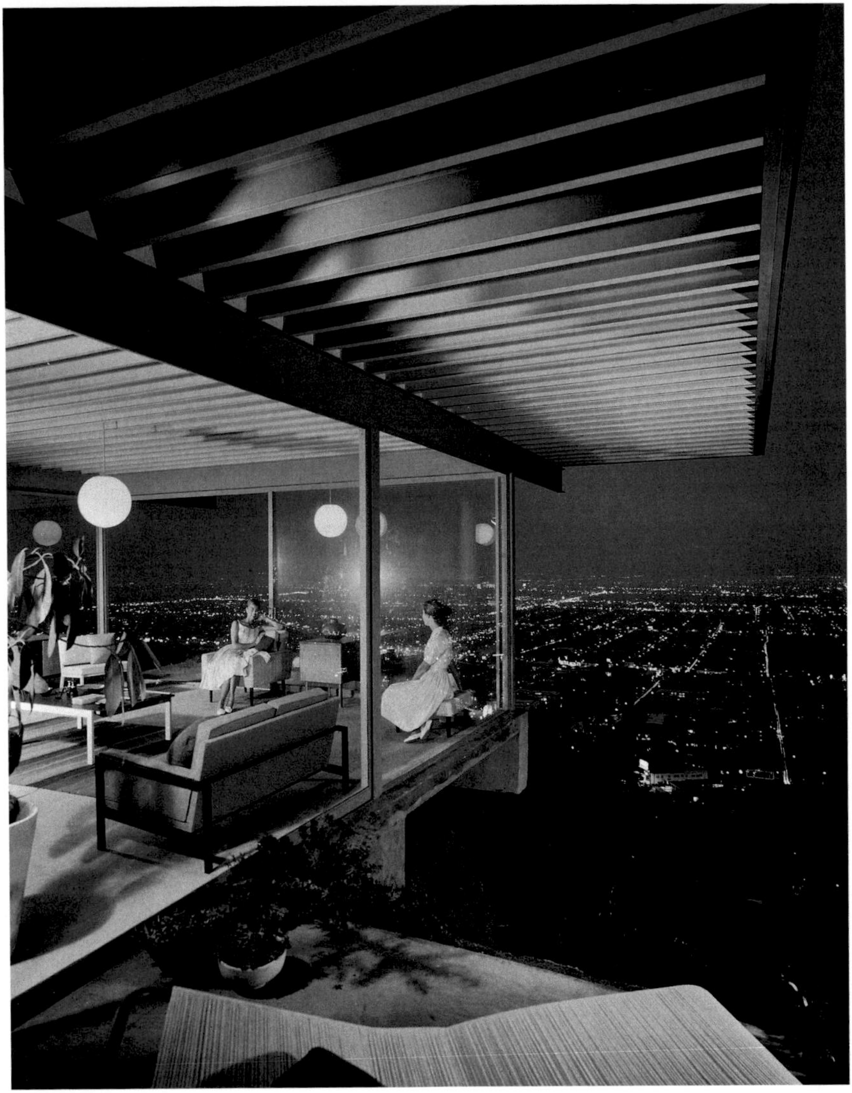

Case Study House #22,
Pierre Koenig, Architekt

Julius Shulman

1960

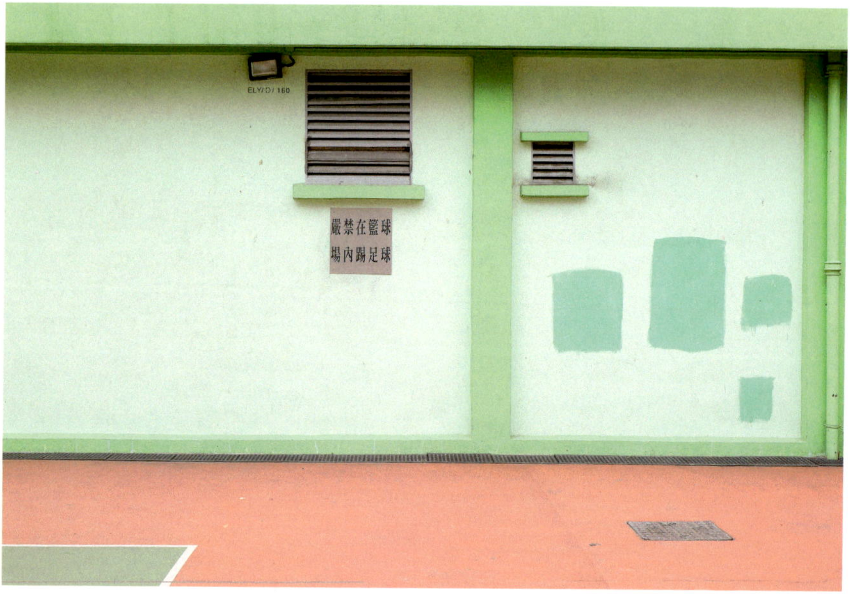

Simple Present #549,
Hong Kong

Bert Danckaert

2011

Das Beste vom Besten

Weitere Beispiele:
Tim Hetherington S. 15
Yoshinori Mizutani S. 28

Bert Danckaerts Motiv ist nicht besonders bemerkenswert. Trotzdem verwandelt die Exaktheit seines Bildaufbaus diese langweilige Szene in etwas Besonderes.

Stellen Sie sich vor, diese Linien würden nicht genau vertikal und horizontal zum Bildrand verlaufen. Stellen Sie sich vor, dieser winzige grüne Bereich würde nicht in der unteren linken Ecke liegen. Stellen Sie sich vor, wir könnten mehr von dem umgebenden Gebiet sehen. Das komplette Bild wäre ruiniert, oder?

Sie sind ein Chirurg und Ihre Kamera ist ein Skalpell.

Bei einem schlampigen Bildaufbau nützen auch die faszinierenden Motive nichts, während eine präzise Bildgestaltung ein Nichts zu etwas ganz Besonderem machen kann. Danckaerts Aufmerksamkeit für jeden Zentimeter seines Bildes und sein Bewusstsein dafür, was im Foto enthalten sein sollte und was nicht, führt zu einem Bild, das mühelos neben jedem anderen abstrakten Meisterwerk bestehen kann.

Der fotografische Bildaufbau verlangt von Ihnen absolutes Selbstvertrauen. Dies ist Ihre Chance uns zu zeigen, was Ihnen am wichtigsten ist. Überzeugen Sie uns.

Bilder in Bildern

Weitere Beispiele:
Julius Shulman S. 11
Rinko Kawauchi S. 44

Hier hat der verstorbene Tim Hetherington ein verlassenes Krankenhaus im kriegsgeschüttelten Liberia fotografiert. Der Raum, der einst dafür gedacht war, Leben zu retten, ist nurmehr eine ausgebombte Hülle. Durch das Fenster sehen wir eine Landschaft, die so vor üppig grüner Vegetation strotzt, dass sie uns wie das gelobte Land erscheint.

Der Gegensatz zwischen den beiden Orten ist unmittelbar greifbar. Anstatt seinen Platz im Hintergrund zu akzeptieren, drängt dieses rastlose Bild-im-Bild sich nach vorn und scheint im Raum zu schweben. Dieser Effekt wird durch die große Schärfentiefe verstärkt (siehe S. 50).

Nutzen Sie Rahmen, um die Geschichte eines Ortes zu vermitteln.

Die Bildgestaltung mit Rahmen wird vor allem eingesetzt, um ein Motiv innerhalb einer größeren Komposition zu isolieren. Im Falle von Hetheringtons Foto sehen Sie jedoch, dass es hier kein Einzelmotiv gibt. Die Schönheit ergibt sich aus der Komposition insgesamt und dem Hin und Her zwischen Vordergrund und Hintergrund. Zwei entgegengesetzte Zustände, von denen einer den Tod symbolisiert und der andere das Leben.

Ist es nicht aufregend, wieviel man mit einem einfachen kompositorischen Mittel ausdrücken kann?

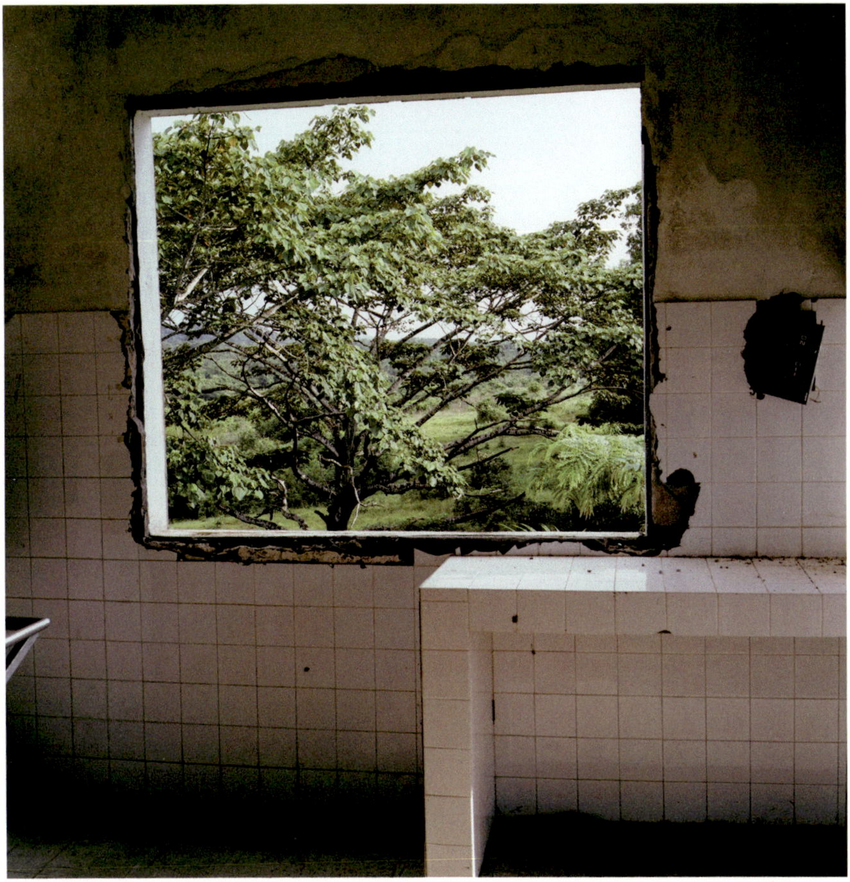

Tubmanburg, Liberia
Tim Hetherington
2003

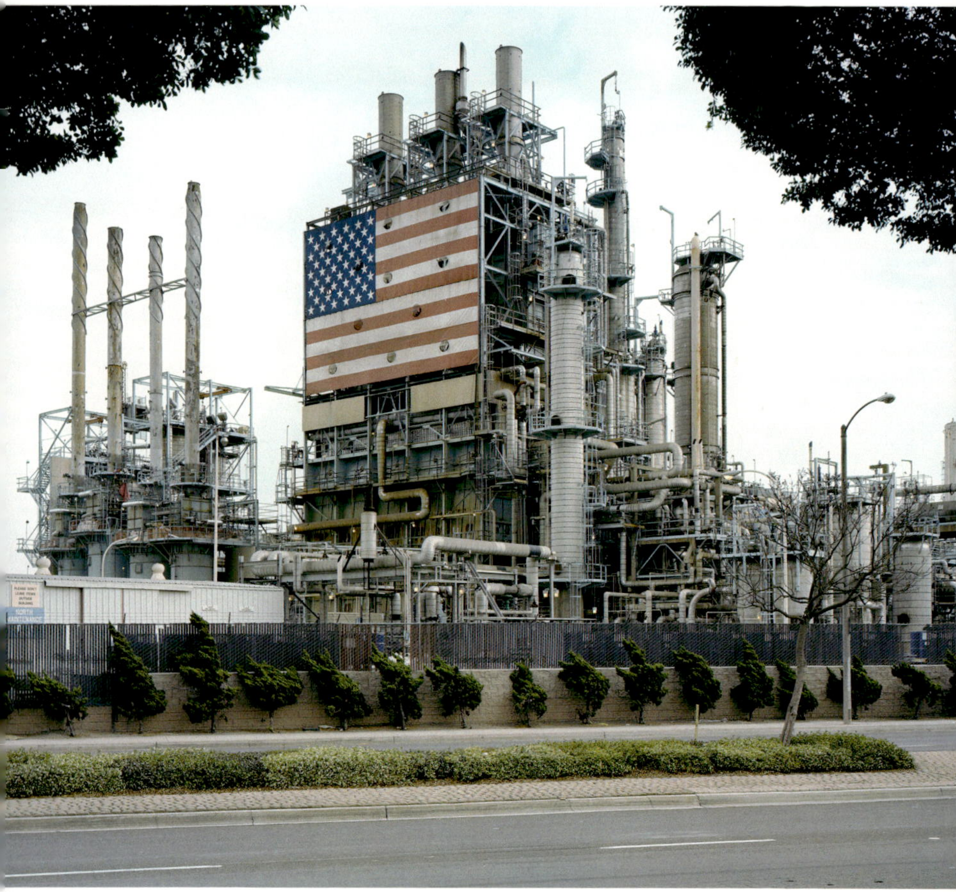

BP-Carson-Raffinerie,
Kalifornien

Mitch Epstein

2007

Nebenwirkungen

KOMPOSITION
Im 45-Grad-Winkel fotografieren

Für seine Serie »American Power« wandte Mitch Epstein seinen Blick Symbolen der Produktion, Konsum und Überwachung in den Vereinigten Staaten von Amerika zu, dem weltweit zweitgrößten Umweltverschmutzer.

Diese mit den »Stars and Stripes« geschmückte Ölraffinerie steht stolz da und scheint sich ihres Einflusses auf die Umwelt nicht zu schämen. Indem er die Struktur aus einem schrägen Blickwinkel fotografierte, betonte Epstein ihre quaderartige Form und bringt Ordnung in das verschlungene Gewirr aus Röhren, Schloten und Metallkonstruktionen. Diese Dreidimensionalität gibt seinem Motiv ein Gefühl von Macht und Beständigkeit.

Fotografiert man ein Motiv im Winkel von 45 Grad, betont man seine Dreidimensionalität.

Je mehr Seiten eines Motivs Sie zeigen, umso offensichtlicher wird seine Form. Das Auge bekommt nämlich Gelegenheit, die verschiedenen Fluchtlinien zu verfolgen. Seite 12 zeigt im Gegensatz dazu, was passiert, wenn etwas von vorn aufgenommen wird.

Von Menschen geschaffene Strukturen, wie etwa Gebäude, wirken oft sehr klotzig. Stellen Sie sich deshalb an eine Ecke und Sie sehen zwei Seiten gleichwertig. Natürliche Formationen, wie etwa Felsen, sind unregelmäßiger, haben aber ebenfalls eine »Schokoladenseite«. Sie müssen nur die Position finden, die am besten ihre Dreidimensionalität hervorhebt.

Weitere Beispiele:
Kyler Zeleny S. 8
Julius Shulman S. 11
Mike Slack S. 92
John Davies S. 100

Himmel und Erde

Weitere Beispiele:
Massimo Vitali S. 20
Richard Misrach S. 52
Fay Godwin S. 103

Sturmjäger Mitch Dobrowner fotografiert das extreme Wetter, das sich über die Wiesen des mittleren Westens schiebt. Man kann sich hier, wo die gesamte Komposition durch den großartigen Himmel erledigt wurde, kaum vorstellen, dass diese Machtdemonstration der Natur irgendwann endet. Im Moment sind diese apokalyptischen Wolken unaufhaltbar und die Landschaft darunter wirkt unglaublich verletzlich.

Wo der Horizont liegen soll, ist sowohl eine kompositorische als auch eine konzeptionelle Entscheidung.

Es gibt keine verbindlichen Regeln, wo man den Horizont platzieren sollte. Unwichtig ist es aber auch nicht – schließlich ändert die Position des Horizonts alles. Es geht um Betonung.

Wir neigen dazu, emotional auf viel Himmel zu reagieren, weil die Komposition von etwas dominiert wird, das sich unserer Kontrolle entzieht. Das kann uns mit düsteren Vorahnungen erfüllen, aber auch mit einem Gefühl von Freiheit. Bilder, die dagegen von großen Landflächen dominiert werden, oft gesprenkelt mit Anzeichen menschlicher Herkunft, deuten eher auf soziale und politische Merkmale hin.

Dadurch, dass der Horizont so niedrig positioniert wurde, wirkt Dobrowners Himmel übermächtig und erinnert uns an unsere eigene Bedeutungslosigkeit.

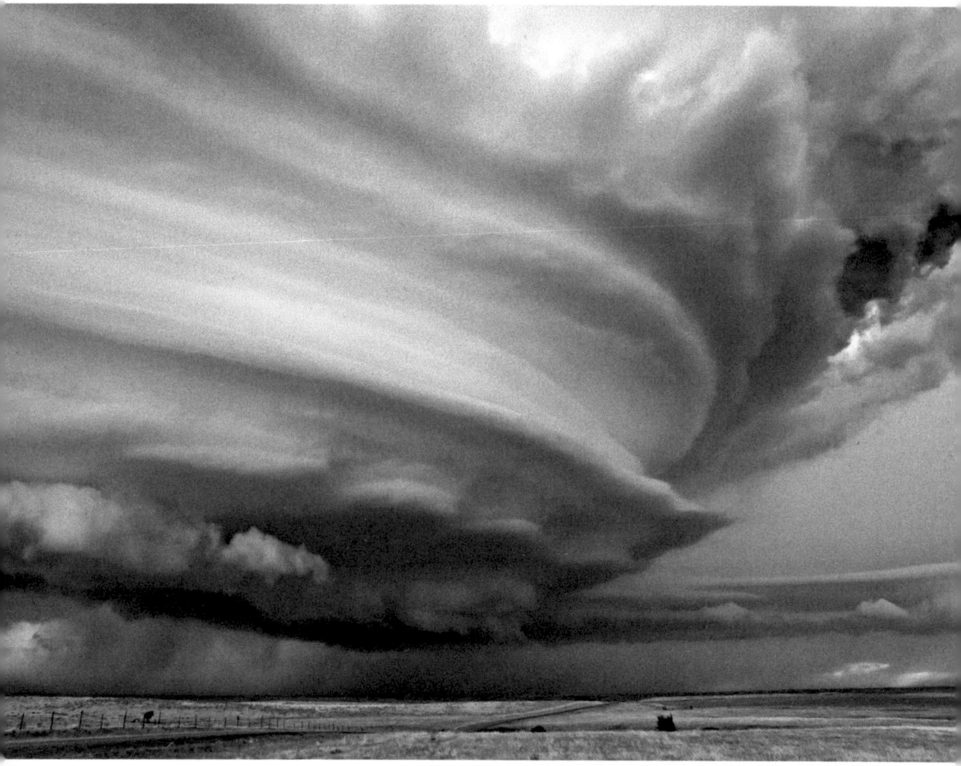

Chromosphere,
Green Grass, South Dakota
Mitch Dobrowner
2007

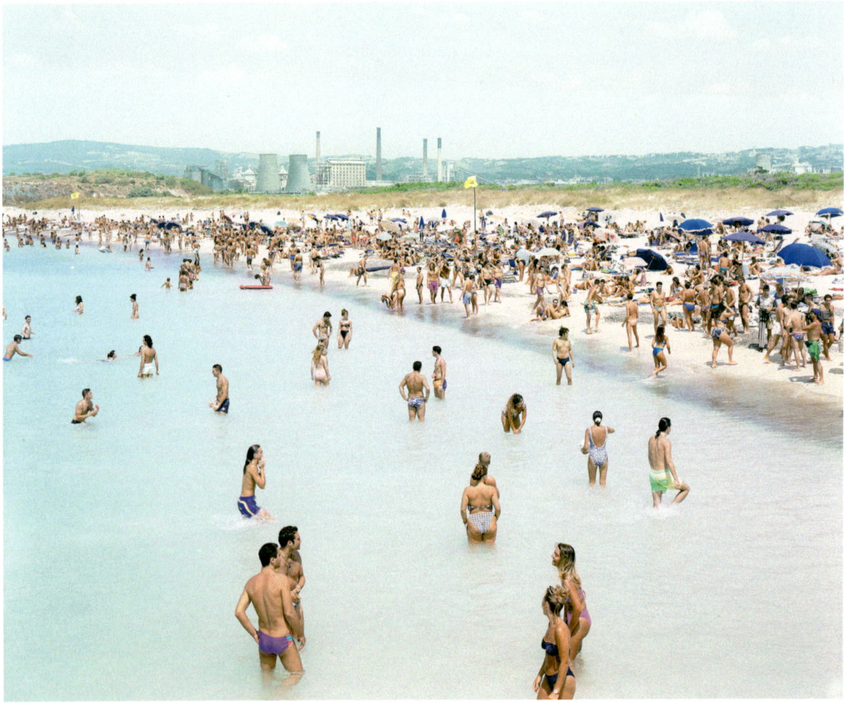

Rosignano Culona

Massimo Vitali

1995

Von oben herab

Der Italiener Massimo Vitali kennt die Strände am Mittelmeer sehr gut. Menschen tummeln sich auf dem kreideweißen Sand und im klaren, blauen Wasser, nur um festzustellen, dass ihr Strandparadies dichter bevölkert ist als die Stadt, der sie zu entfliehen suchen.

Weitere Beispiele:
Yoshinori Mizutani S. 28

Vitali fotografiert diese überfüllten Spielplätze oft von einem Gerüstturm aus, den er im Wasser aufbaut. Dieser erhöhte Standpunkt schafft Ordnung und erlaubt es ihm und uns, die Szene in ihrer Gesamtheit sinnvoll zu überblicken. Hier bedeutet es für uns, dass wir das Nebeneinander von Kraftwerk und Strand unmöglich ignorieren können. Vom Boden aus jedoch beschränkt sich der Blick der Badenden auf ihre Umgebung und auf die sonnengebräunten Körper in ihrer unmittelbaren Nähe.

Ein erhöhter Standpunkt trennt Sie körperlich und emotional von der Welt.

Wenn Sie von oben auf die Welt herabschauen, bieten Sie dem Betrachter eine privilegierte Sichtweise. Das ist vergleichbar dem filmischen Mittel der Einstiegstotalen, mit der Filmemacher vor dem Schnitt auf die Handlung einen Ort einführen.

In solchen Kompositionen spielt der Vordergrund – oder das Fehlen des solchen – eine entscheidende Rolle. Hier gibt es keinen eigentlichen Vordergrund, der uns einen physischen Hinweis auf Vitalis Position liefern könnte. Dadurch wirkt sein Standpunkt noch entfernter und abgehobener. Im Kontext dieses Bildes schwebt er in der Luft, komplett von der Welt unter ihm getrennt.

Mittendrin

Weitere Beispiele:
Lee Friedlander S. 27

Im Gegensatz zum vorherigen Beispiel fotografiert Joel Meyerowitz hier aus Augenhöhe. Sein Foto zeigt New York als ein Durcheinander aus Menschen, Schildern und hoch aufragenden Gebäuden. Wenn es ein Thema oder Motiv gibt, dann ist es der flüchtige Austausch von Waren im Vordergrund – vielleicht Theaterkarten?

Wenn Sie Teil der Szene sind, ist es der Betrachter auch.

Meyerowitz' Stil ist ganz anders als die traditionelle Street-Fotografie, die dazu neigt, sich auf ein einzelnes Motiv »einzuschießen«. Für ihn sind Menschen und Orte untrennbar miteinander verbunden, und hier im Bild sind beide Elemente gleichermaßen wichtig.

Wenn man Städte fotografiert, ist der flüchtige Strom der Menschen genauso Teil der Umgebung wie die permanenten Objekte. Anstatt also so zu tun, als würden die Menschen nicht existieren, sollten Sie Ihren Standort sorgfältig wählen und sie zu einem integralen Bestandteil Ihrer Komposition machen.

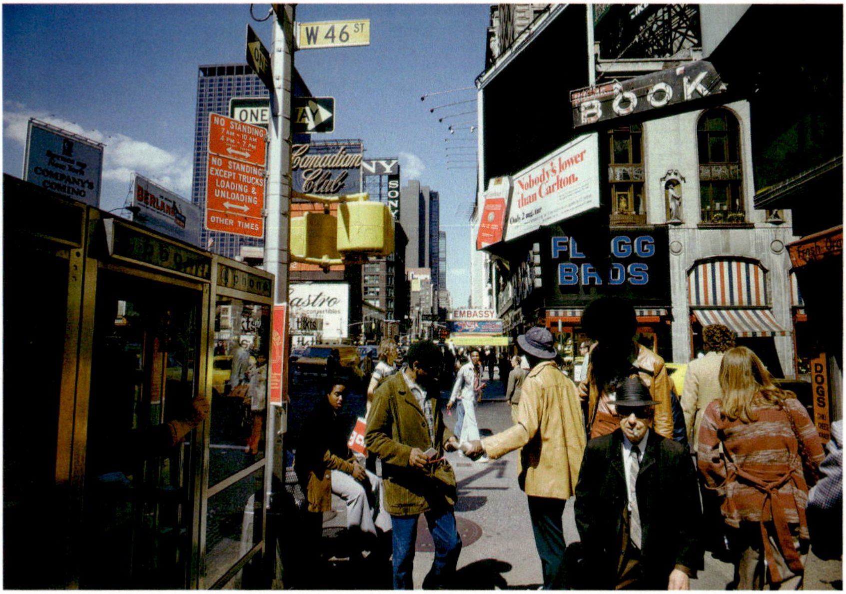

New York City
Joel Meyerowitz
1976

Einen Schritt zurücktreten

Wenn die Nacht über die Vereinigten Staaten hereinbricht, tauchen Lichter am Horizont auf. Sie könnten aus kleinen Städten oder von Sportstadien kommen, doch die Lichter auf Stephen Tourlentes' Fotos stammen von Gefängnisgebäuden.

Diese beleuchteten Strukturen, die eine Gemeinschaft aus Häftlingen beherbergt – von denen einige auf ihre Entlassung, andere auf ihren Tod warten –, lauern bedrohlich in der Ferne. Die im Vergleich zu dem riesigen Raum um sie herum geringe Größe des Motivs betont ihre Isolation und macht sie zu einer machtvollen Metapher für ein politisches System, das Bürger lieber ächtet, statt sie zu rehabilitieren.

Motive müssen das Bild nicht komplett ausfüllen, um Wirkung zu zeigen.

Indem Sie Ihrem Motiv erlauben, in einer größeren Komposition zu sitzen, vermitteln Sie einen Kontext. Der Betrachter wird sich der Landschaft gewahr, in der das Motiv existiert. Denken Sie nur daran, das Motiv tatsächlich zu Ihrem Fokuspunkt zu machen. Tourlentes fotografiert bei Nacht, so dass wir automatisch zum Licht hingezogen werden. Eine solche Wirkung lässt sich natürlich auch durch die guten alten Führungslinien erzielen.

Weitere Beispiele:
William Henry Jackson S. 86
Charles Duke S. 118

Wyoming Death House, Rawlins, WY
Stephen Tourlentes
2000

Weite, Weite

Weitere Beispiele:
Olaf Otto Becker S. 40
William Henry Jackson S. 86

Als Lee Friedlander durch die USA fuhr, stieg er nicht einmal aus dem Auto, um seine Bilder zu machen. Durch städtische Straßen, Bahnschienen entlang, über Wüstenebenen und Berge hinweg, nahm er einfach alles auf, was er durch die Fenster entdecken konnte.

Auf diese Weise wurde das Innere des Autos zu einem überaus wichtigen Bestandteil des Vordergrundeindrucks. Die gepolsterten Linien saugen uns aus allen Richtungen in die Komposition hinein und rahmen die Landschaft ein. In dieser Serie geht es daher ebenso sehr um das Auto wie um die sich ändernde Szenerie draußen.

Weitwinkelobjektive übertreiben den Vordergrundeindruck.

Weitwinkelobjektive (das sind die mit den kurzen Brennweiten) nehmen ein breiteres Blickfeld auf. Der Vordergrund wirkt in die Breite gezogen, während entferntere Objekte kleiner und weiter weg wirken. Kompositionen, die mit einem Weitwinkel fotografiert wurden, fühlen sich oft etwas zu »weiträumig« an. Mit Vordergrundelementen können Sie dem entgegenwirken – diese sorgen für Struktur und lenken das Auge des Betrachters.

Friedlander entschied sich nicht nur aus praktischen Gründen für diese Art von Objektiv, sondern weil er uns damit einen neuen Standpunkt – nicht nur physisch, sondern auch konzeptuell – eröffnete und gleichzeitig eine Hommage an das großartige Reisen auf den amerikanischen Straßen schuf.

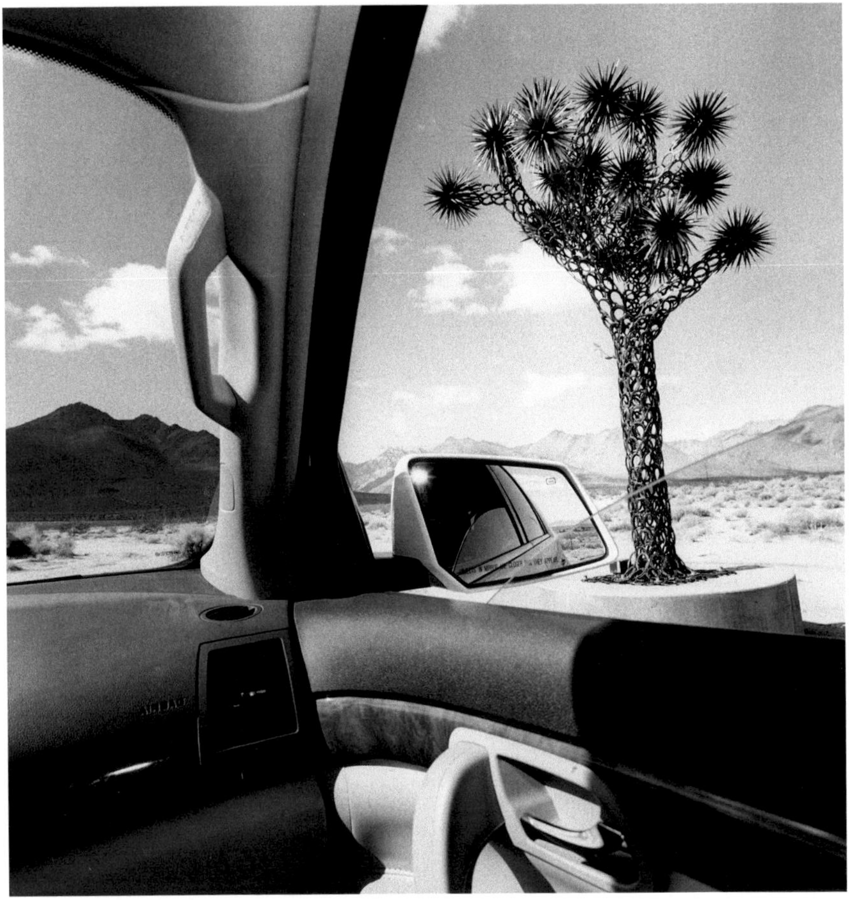

California
aus der Serie »America by Car«
Lee Friedlander
2008

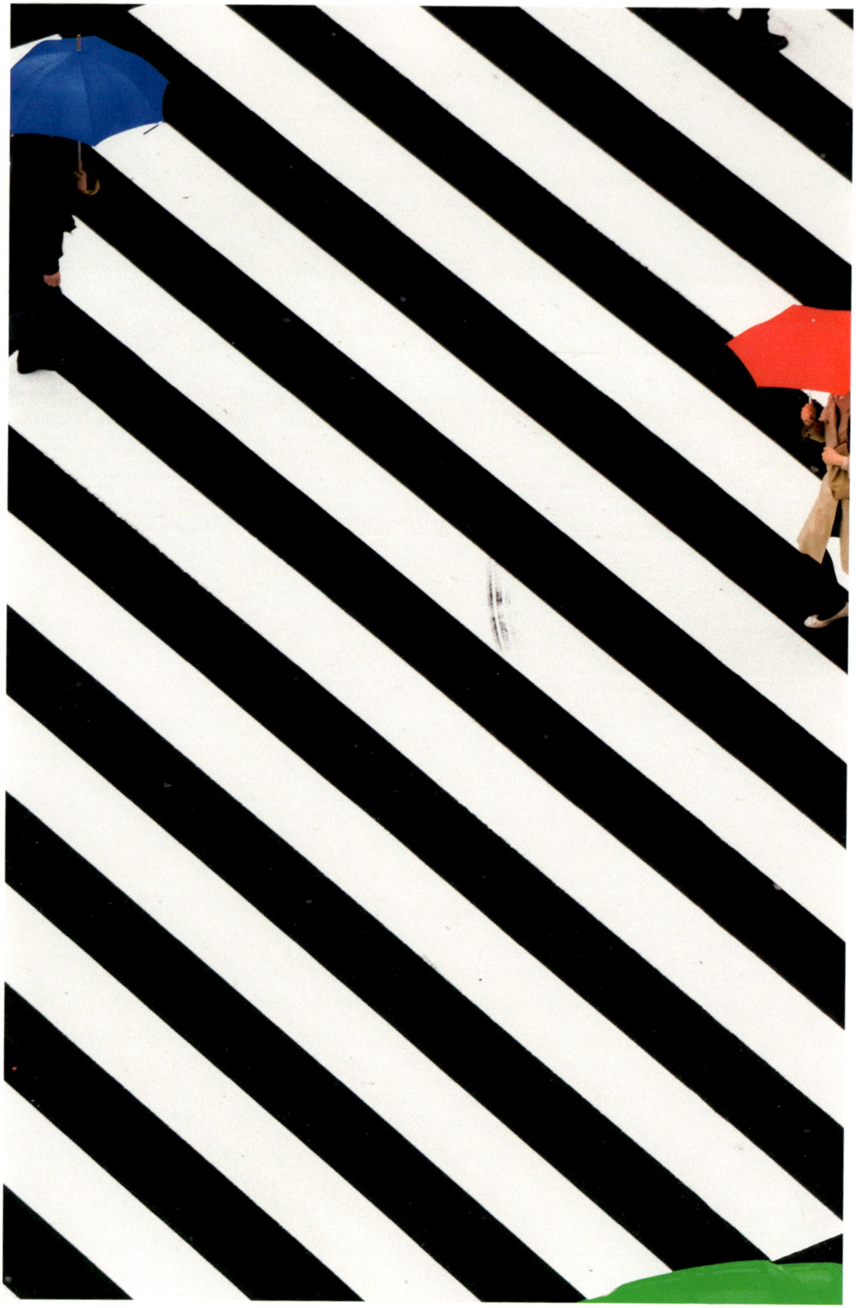

Die Welt ist flach

Das Werkzeug seiner Wahl mag zwar eine Kamera sein, doch hier scheint Yoshinori Mizutani eher als Grafikdesigner denn als Fotograf aufzutreten.

Es regnet und in dieser verspielten Komposition wurden die Schirme gezückt. Vor den kräftigen Schwarzweißlinien dieses Fußgängerüberwegs in Tokio blitzen drei Farben auf – Rot, Grün und Blau. Ihre Platzierung ist so zufällig. Wenn Sie das Bild etwas länger betrachten, merken Sie, dass die üblichen Regeln irgendwie nicht gelten und alles exakt dort ist, wo es sein sollte.

Die Kompositionsregeln ändern sich, wenn man ein Teleobjektiv benutzt.

Der nach unten gerichtete Blickwinkel lässt zusammen mit dem verwendeten Teleobjektiv diese Szene völlig flach erscheinen. Solche Objektive bieten ein sehr enges Blickfeld, ein bisschen, als würde man durch ein Zielfernrohr schauen. Die Wahrnehmung von Abstand und Tiefe wird geschwächt und alles scheint auf derselben Ebene zu liegen.

Diese Abflachung des Raumes bewirkt aber auch, dass einige Kompositionstechniken weniger relevant werden: z. B. Führungslinien und die Vordergrundwirkung, mit denen der Blick in das Bild »hineingezogen« wird . Stattdessen bleibt das Auge auf der Oberfläche, so dass man stärker darauf achten muss, durch die Platzierung von Farbe, Farbton, Linien und Formen eine gewisse Ausgewogenheit zu schaffen.

Weitere Beispiele:
Fay Godwin S. 103

Regen
Yoshinori Mizutani
2015

Format

Es ist vielleicht zu offensichtlich, um es zu erwähnen, aber viele von uns nehmen den Einfluss, den das Format hat, einfach als gegeben hin. Bei einem Bild im Hochformat werden unsere Augen angeregt, sich eher vertikal zu bewegen. Im Querformat bewegen sich unsere Augen horizontal.

Hochformat

Das Hochformat nutzt den Vordergrundbereich am besten aus, weil das vertikale Bild viel von dem aufnehmen kann, was direkt vor uns ist (siehe S. 11 und S. 95), vor allem, wenn wir ein Weitwinkelobjektiv benutzen. Das Gefühl von Perspektive verstärkt sich und die Augen des Betrachters folgen den zurückweichenden Linien vom unteren Rand des Bildes nach oben.

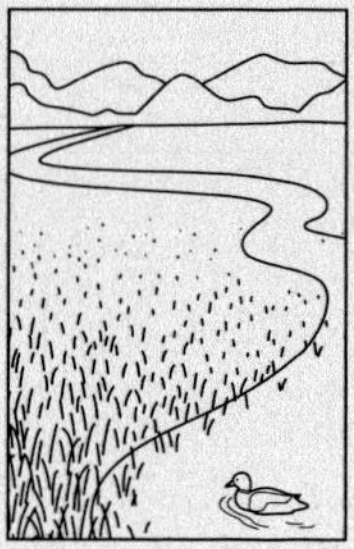

Querformat

Die horizontale Ausrichtung eines Querformatbildes betont den Horizont (wie die Beschreibung schon andeutet). Darüber hinaus bleibt viel Platz links und rechts unseres Motivs (siehe S. 24 und S. 44). Mit der Drittelregel können wir den Bildbereich besser ausnutzen und für Gleichgewicht sorgen. Das Auge des Betrachters wird dadurch außerdem angeregt, sich kontrolliert über das Bild zu bewegen.

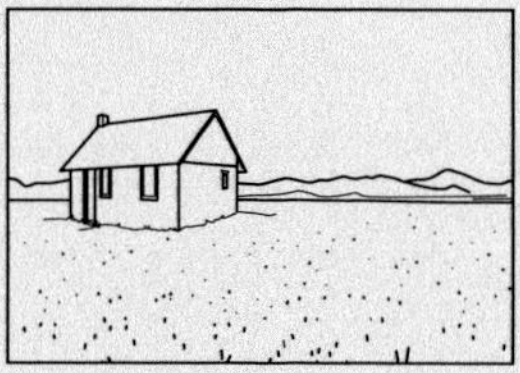

Seitenverhältnis

Das Seitenverhältnis bezieht sich auf die Form Ihres Bildes und das Verhältnis zwischen seiner Länge und seiner Breite. Hier ist eine Zusammenfassung der gängigsten Seitenverhältnisse und ihrer besten Einsatzgebiete.

3:2

Dies entspricht den klassischen Proportionen von 35mm-Film und mehr oder weniger denen von Vollformat- und APS-C-Sensoren. Obwohl 3:2 zu den vertrautesten Bildformaten gehört, kann es sich beim Fotografieren im Hochformat eigenartig lang anfühlen. Deswegen bevorzugen viele Landschaftsfotografen ein etwas kürzeres Rechteck.

4:3

Dieses Format, das näher an den Proportionen großformatiger Fachkameras liegt, die traditionell für die Landschaftsfotografie benutzt werden, findet man in vielen Kompaktkamerasystemen. Das Rechteck hier ist etwas kürzer, das Motiv kann das Bild besser ausfüllen, es entsteht weniger Leerraum. Es gibt weiterhin einen natürlichen horizontalen oder vertikalen Fluss, aber weniger als bei 3:2.

1:1

Die meisten Digitalkameras und Smartphones haben eine 1:1-Option. Da ein Quadrat keinen natürlichen horizontalen oder vertikalen Fluss besitzt, muss man sich diesem Seitenverhältnis etwas anders nähern. Allein die Komposition bestimmt, wie das Auge des Betrachters wandert, ob vertikal, horizontal oder im Kreis.

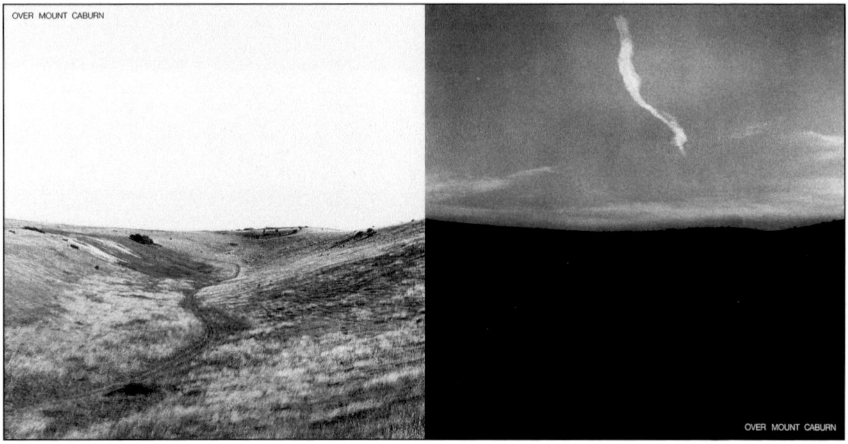

Over Mount Caburn
John Hilliard
1978

Zeit und Raum

BELICHTUNG

Belichtung ist nicht nur eine technische Übung zum Einstellen seltsam klingender Zahlen. Stattdessen setzen Sie damit Ihre Kreativität frei und übernehmen die Kontrolle über Ihre Bilder, damit sie exakt so aussehen, wie Sie das wollen.

Erinnern Sie sich an das »was, wann und wie«? Nun, Belichtung ist ein großer Teil des »wie«, weil Ihre Entscheidungen sich darauf auswirken, wie der Betrachter Ihr Bild »liest«. Die Verschlussgeschwindigkeit, ob schnell oder langsam, beeinflusst unser Gefühl für die Zeit, während sich Blende und Schärfentiefe auf unser Gefühl für den Raum auswirken.

Die Belichtung verändert die Ortswahrnehmung des Betrachters.

Hier nimmt John Hilliard zwei Bilder derselben Landschaft auf. Weder das Motiv noch die Komposition unterscheiden sich von einem Bild zum anderen, dennoch entstehen durch eine Änderung der Belichtung völlig unterschiedliche Bilder. In dem einen windet sich unter einem weißen Himmel ein Weg durch das Gras. In dem anderen zieht ein Kondensstreifen über einer schwarzen Landschaft eine seltsam ähnliche Linie durch den Himmel.

Hilliard fotografiert die Fotografie. Mit anderen Worten, er spielt mit den visuellen Wesenszügen, die dem Medium eigen sind, um unsere Wahrnehmung eines Motivs zu beeinflussen. Diese Gegenüberstellung erinnert uns daran, dass Belichtung in Bezug auf die Darstellung weniger ein Fall von richtig und falsch ist, sondern eher mit kreativen Entscheidungen zu tun hat.

Bewegung und Ruhe

Weitere Beispiele:
Charles March S. 36

Was einstmals ein Mehrfamilienhaus war, ist nun eine einstürzende Hülle, die der Gewalt des Krieges zum Opfer gefallen ist. Davor steht ein Schäfer für einen Moment lang still und schaut direkt in die Kamera. Und noch vor ihm eilen Tiere vorbei, von links nach rechts, und nehmen uns mit in eine ungewisse Zukunft.

Simon Norfolk presst hier Vergangenheit (das Gebäude), Gegenwart (der Schäfer) und Zukunft (das Vieh) in ein einziges Bild. Indem es Bewegung und Ruhe einander gegenüberstellt, erinnert uns dieses Foto eines zerstörten Kabul daran, dass niemand die Vergangenheit ändern oder die Zukunft vorhersehen kann und dass selbst zu Zeiten des Krieges das Leben weitergeht.

Lange Belichtungszeiten vermitteln ein Gefühl für die verstreichende Zeit.

Da der Verschluss länger offen bleibt, haben die Motive während der Belichtung Zeit, sich zu bewegen. Dadurch entsteht eine Unschärfe. Allerdings riskieren Sie auch, Ihre Kamera mit Licht zu fluten, Sie sollten die längere Belichtungszeit deshalb durch eine kleinere Blende kompensieren. Wenn Sie an einem sehr hellen Tag fotografieren, könnte das Bild trotzdem überbelichtet werden. Sie haben in solchen Situationen nur eine Wahl.

Ein Neutraldichtefilter oder ND-Filter begrenzt die Menge des Lichts, das in die Kamera gelangen kann (siehe S. 73). Dieses graue Stück Glas oder Plastik verhält sich quasi so, als würden Sie Ihrem Objektiv eine Sonnenbrille aufsetzen. Dadurch ist es möglich, unter helleren Bedingungen längere Belichtungszeiten einzusetzen, wie Norfolk es hier getan hat.

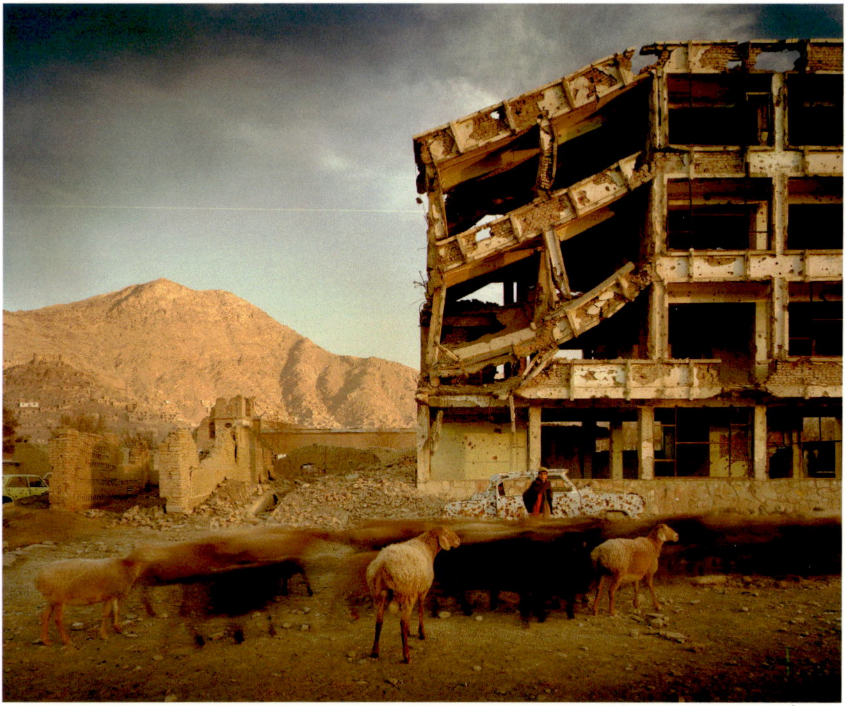

Karte Char, Kabul
aus der Serie
»Afghanistan: Chronotopia«
Simon Norfolk
2002

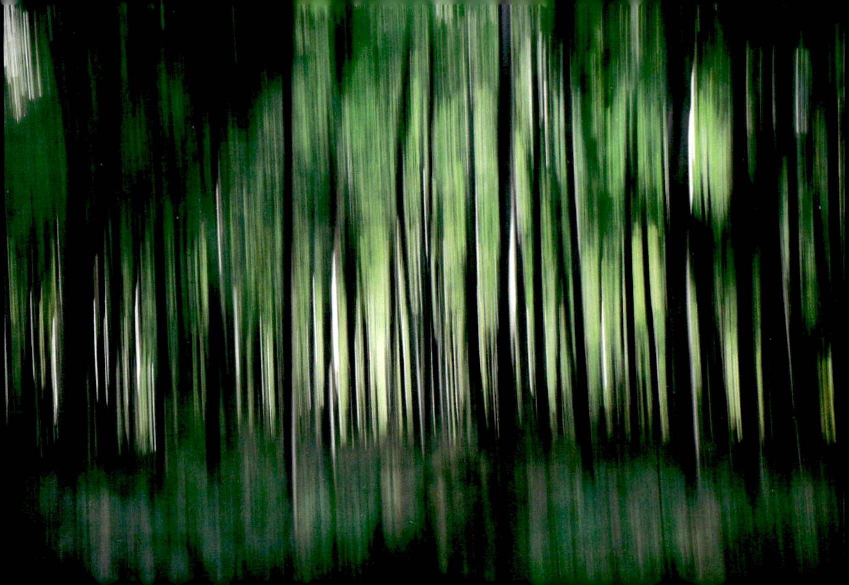

Meister der Geschwindigkeit

Charles March, der Mann hinter den zwei größten Motorsportfestivals Großbritanniens, ist auch Fotograf. Er liebt schnelle Autos und langsame Kameras.

March fotografiert Waldszenen, vor allem um seinen Wohnort herum. In dem Versuch, die eindrucksvolle Vertikalität und Dichte der Bäume festzuhalten, abstrahiert er das, was er sieht, indem er die Kamera während einer langen Belichtung bewegt. Hier folgt die Kamera im Laufe von etwa einer Sekunde der Linie der Bäume. Das Ergebnis sind Spuren, die eher wie die Arbeit mit einem Pinsel als die des Lichts aussehen.

Fotografie muss nicht an die Darstellung gebunden sein.

Selbst bei langen Belichtungszeiten versuchen die meisten Fotografen die Details soweit zu erhalten, dass zu erkennen ist, um welches Motiv es sich handelt. Wenn man diese Idee jedoch verwirft und sich von der eigentlichen Darstellung distanziert, wird die Fotografie zu etwas Undefinierterem und Gestischem.

Marchs Zugang zur Landschaftsfotografie ist unorthodox. Er stellt sich nicht hin und hält den Atem an, während er auf den Auslöser drückt, damit alles gestochen scharf wird. Stattdessen betrachtet er sein Motiv und bewegt seinen Körper in Übereinstimmung mit den Linien. Ich schätze, er vollführt eine Art von Tanz mit der Fotografie selbst.

Genau hier. Genau jetzt.

Das Fotografenduo Floto + Warner nutzt ungiftige Farbflüssigkeiten, um der leblosen Landschaft der Wüste von Nevada ein Element von spontaner Schönheit mitzugeben.

Bei der Fotografie muss das, was hoch geht, nicht unbedingt wieder herunterkommen. Wird die grüne Flüssigkeit bei einer Belichtungszeit von etwa 1/3200 s eingefroren, scheint sie fest und organisch zu sein, wie ein sonderbarer Kaktus, der aus dem Wüstenboden sprießt. Diese abstrakte Kuriosität, die mit dem bloßen Auge unmöglich festzuhalten ist, lässt sich nur durch den Zauber der Fotografie sichtbar machen.

Kurze Belichtungszeiten halten die Zeit an und fesseln die Aufmerksamkeit.

Die Wüste von Nevada wurde sowohl aus konzeptionellen als auch aus technischen Gründen gewählt. Die unwirtliche Ruhe der Landschaft lässt diese Formation noch ausdrucksstärker wirken, ohne dass Details aus der Umwelt davon ablenken. Die anmutigen Linien und zarten Wassertropfen werden dadurch noch deutlicher. Und dann ist da noch die Intensität der strahlenden Wüstensonne. Dies alles erlaubte es dem Duo, die Bewegungen mit einer kurzen Belichtungszeit und einer kleinen Blende einzufrieren und gleichzeitig eine große Schärfentiefe zu erzielen.

Wir haben gesehen, wie die Verschlussgeschwindigkeit die »Zeit« beeinflussen kann. Schauen wir uns nun an, wie die Blende auf den »Raum« wirkt.

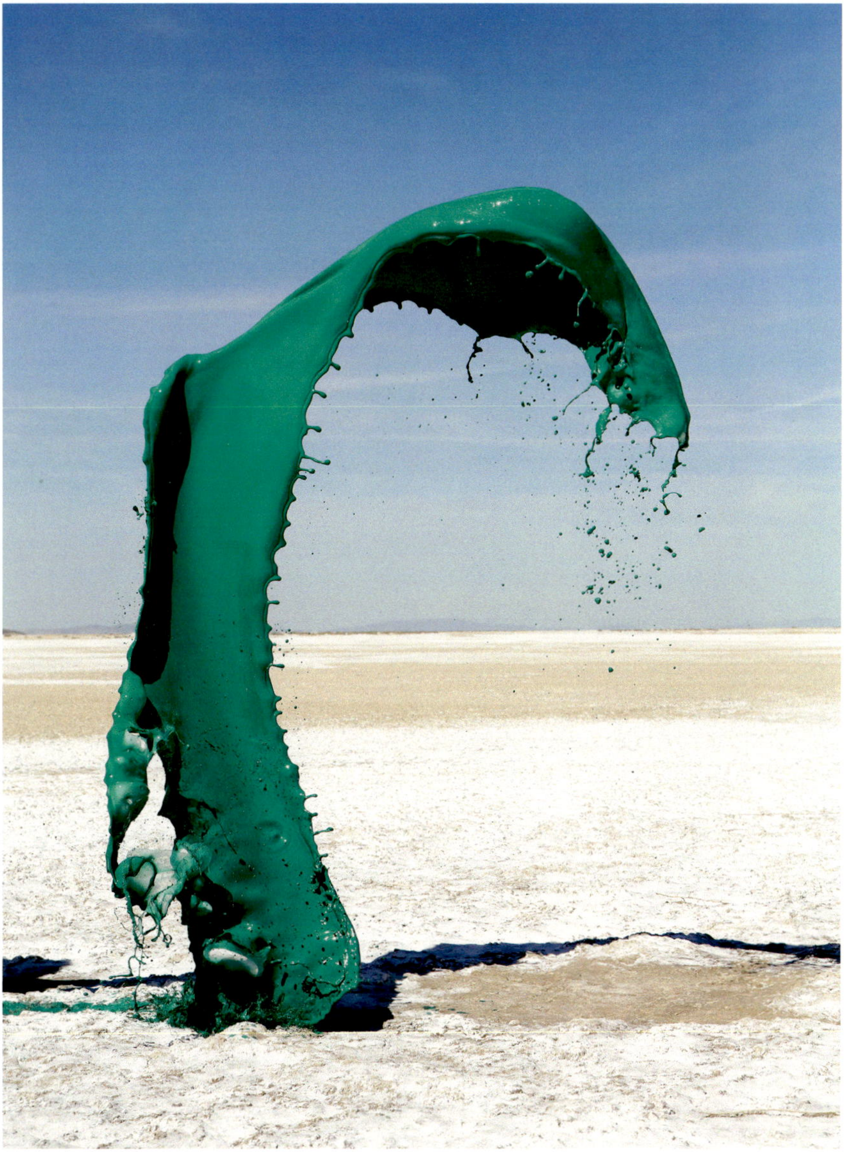

Green
aus der Serie »Colourant«

Floto + Warner

2014

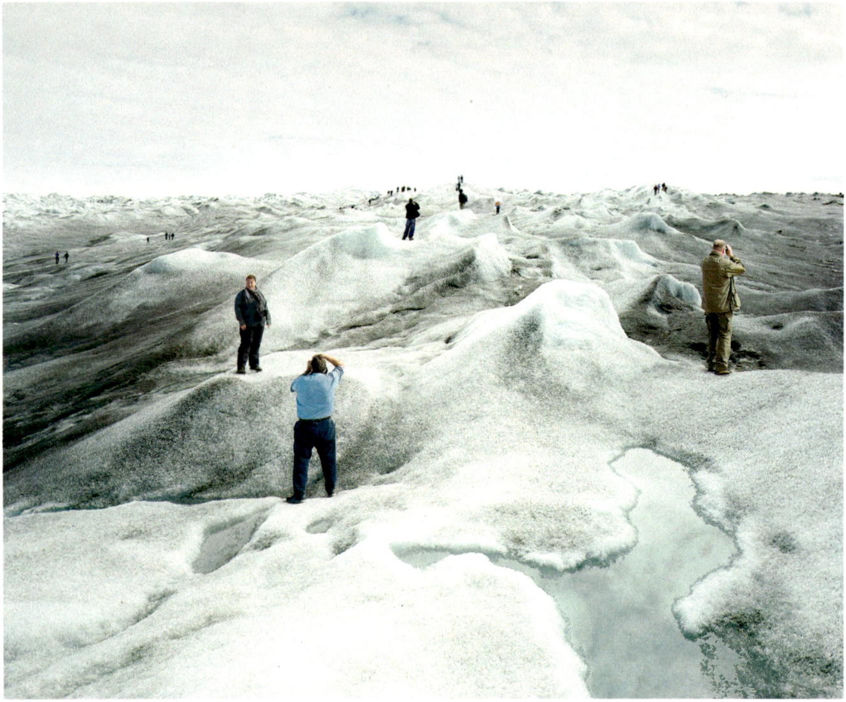

Point 660, 2, 08–2008

Olaf Otto Becker

Tiefenwirkung

Weitere Beispiele:
Julius Shulman S. 11
Lee Friedlander S. 27
Robert Adams S. 59
Ansel Adams S. 95

Der Mann mit dem blauen Hemd und den Chinos im Vordergrund von Olaf Otto Beckers Fotografie wirkt eigenartig deplatziert. Es scheint, als sei er während seiner Mittagspause mal eben kurz vor die Tür getreten, um seinen Begleiter auf einer Eisfläche zu fotografieren. Wenn Ihre Augen dann weiter in die Ferne schweifen, bemerken Sie, dass es in dieser riesigen, zugefrorenen Landschaft von Menschen nur so wimmelt, die alle ebenso deplatziert wirken, wie sie dort so herumstehen, gehen und glotzen.

Große Blendenzahl bedeutet großer Fokusbereich. Kleine Blendenzahl bedeutet kleiner Fokusbereich.

Becker ist ein Landschaftsfotograf, der die Auswirkungen des Klimawandels wortwörtlich in den Fokus rückt. Er nutzt eine kleine Blende (große f-Zahl), um eine große Schärfentiefe zu erzeugen. Diese Klarheit hilft dabei, das Ausmaß und die Details der Landschaft zu kommunizieren, weil alles vom direkten Vordergrund bis zum weit entfernten Hintergrund gestochen scharf wird.

Aber Achtung, eine kleine Blende begrenzt die Menge an Licht, das in die Kamera fällt. Sie müssen deshalb mit einer längeren Belichtungszeit kompensieren. Um ein Verwackeln mit der Kamera zu vermeiden, sollten Sie Ihr Stativ bei der Hand haben, außer vielleicht an ganz hellen Tagen.

Die kleinen Dinge

Es ist eine weggeworfene Flasche neben einem Tümpel in einem Wäldchen am Rande einer Stadt. John Gossage kann die ganze Welt fotografieren. Warum zieht er unsere Aufmerksamkeit gerade hierher?

Für seine Serie »The Pond« präsentiert uns Gossage ein authentisches Erfahren der Natur. Mit »Natur« meine ich nicht die Wildnis, die von Ansel Adams gefeiert wurde und die für uns Stadtbewohner weniger zugänglich ist. Ich meine die ungezähmten Flecken mitten in unserer Zivilisation, die irgendwo dazwischen existiert. Diese Orte bieten uns einen Vorgeschmack auf das Wilde, können aber am Ende nicht das bieten, wonach wir suchen.

Eine flache Schärfentiefe vermittelt eine enge Verbindung mit einem Ort.

Wenn eine große Schärfentiefe in der Lage ist, Umfang und Weite zu kommunizieren, macht eine flache Schärfentiefe (große Blende/niedrige Blendenzahl) genau das Gegenteil. Indem Sie mithilfe des Fokus das Auge des Betrachters auf ein bestimmtes Detail in der Landschaft lenken, implizieren Sie, dass sie sich die Welt genauer anschauen. Damit werden Objekte hervorgehoben, die man so oft übersieht.

Der Fokus gehört zu den Dingen, die die meisten Menschen rein praktisch betrachten. Die Schärfentiefe, vor allem die flache Schärfentiefe, ist jedoch ein machtvolles fotografisches Instrument. Willkürlich ist sie nicht, denn schließlich sorgt das Motiv, auf das Sie sich fokussieren, dafür, dass der Betrachter sich Gedanken über seine Bedeutung macht – selbst wenn es absolut unwichtig zu sein scheint.

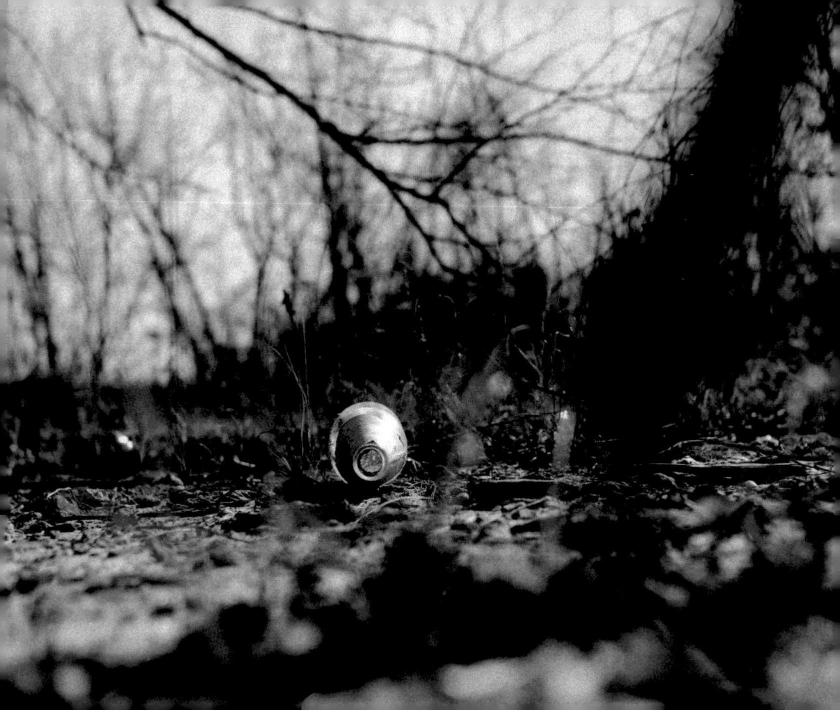

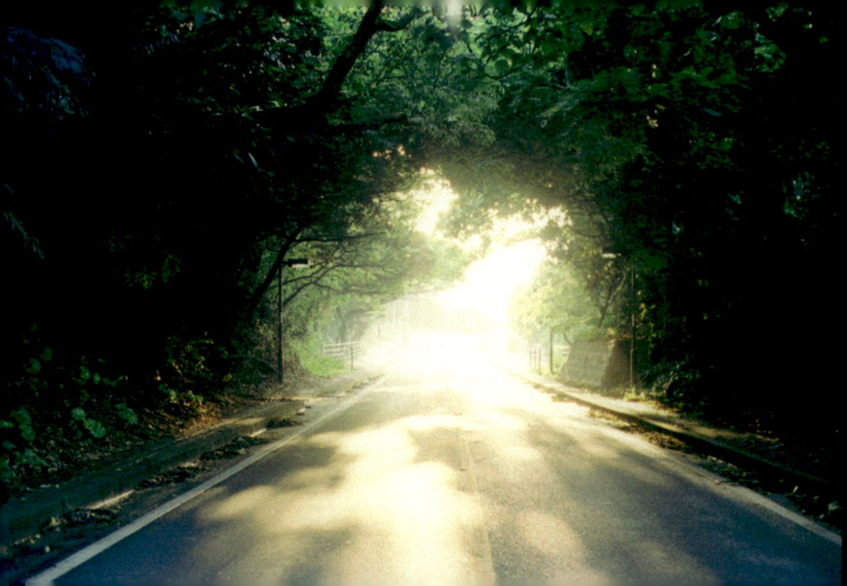

Sehen Sie das Licht

Rinko Kawauchi erhebt alltägliche Orte und Begegnungen durch Komposition und Belichtung zu etwas Besonderem.

Hier fotografiert Kawauchi eine Allee, die uns in ein Nichts aus weißem Licht führt. Überbelichtet wirkt das Licht hypnotisierend und man kann gar nicht anders – es verführt mit seiner Brillanz. Wie eine unerklärliche Geistererscheinung bringt uns Kawauchis Abbildung des Lichts dazu, über die Reise des Lebens und das unausweichliche Ende nachzusinnen, dem wir uns eines Tages alle gegenübersehen.

Weitere Beispiele:
John Hilliard S. 32

Die Überbelichtung bringt ein Gefühl von Offenbarung mit sich.

Es mag hypnotisierend sein, aber wir wissen alle, was passiert. Die Spätnachmittagssonne strömt durch die Bäume und erzeugt einen starken Kontrast zwischen den Lichtern und den Schatten. Durch das Überbelichten holt Kawauchi die Details aus den Bäumen hervor, während das Sonnenlicht komplett ausgebrannt wird. Man erreicht das, indem man die Belichtungskorrektur ◪ Richtung **+** stellt.

Alte Hasen werden Ihnen erklären, dass ausgebrannte Bereiche schlecht sind, weil alle visuellen Informationen verlorengehen, aber Kawauchi räumt mit dieser Theorie auf. Ihr Ansatz besteht darin, das Licht zu erfühlen und instinktiv darauf zu reagieren, was es sagt.

Dunkle Tage

Weitere Beispiele:
John Hilliard S. 32
Rut Blees Luxemburg S. 66
Todd Hido S. 69

In der Einführung zu seinem Fotobuch *The Last Cosmology* schreibt Kikuji Kawada: »Ich wurde zu Beginn der japanischen Showa-Ära geboren. In meiner Kindheit tobte ein großer Krieg und ich habe eine Periode des Wiederaufbaus und des Wachstums durchlebt. Jetzt stehe ich am Abend meines Lebens. Die letzte ringförmige Sonnenfinsternis und die letzte totale Sonnenfinsternis des 20. Jahrhunderts und solche Phänomene wie der Durchgang der Venus waren Symbole für das Ende der Showa-Ära.«

Obwohl Kawadas Bilder von kosmologischen Ereignissen und extremem Wetter hauptsächlich in Japan aufgenommen wurden, handeln sie doch eher von der Zeit als von einem Ort. Seine Fotos, dunkel und unterbelichtet, sind voller Mysterien. Die dichten Schwarztöne und die schwergewichtigen Himmel wirken bedrohlich, so als würden sie seine Erinnerungen an ein turbulentes Jahrhundert und seine Besorgnis für eine ungewisse Zukunft mit sich tragen.

Die psychologische Wirkung einer Unterbelichtung führt zu einem Gefühl fragenden Unbehagens.

Wenn Sie ein Foto unterbelichten, versinkt alles in Dunkelheit. Details sind schwerer zu erkennen und Schatten werden zu einem Abgrund aus Schwarz. Wie Kawada zeigt, kann man diesen Effekt als Metapher für Unsicherheit nutzen.

Zum Unterbelichten stellen Sie einfach die Belichtungskorrektur Richtung **–**.

Die untergehende Sonne an der Pyramide, Tokio
aus der Serie »The Last Cosmology«
Kikuji Kawada
1989

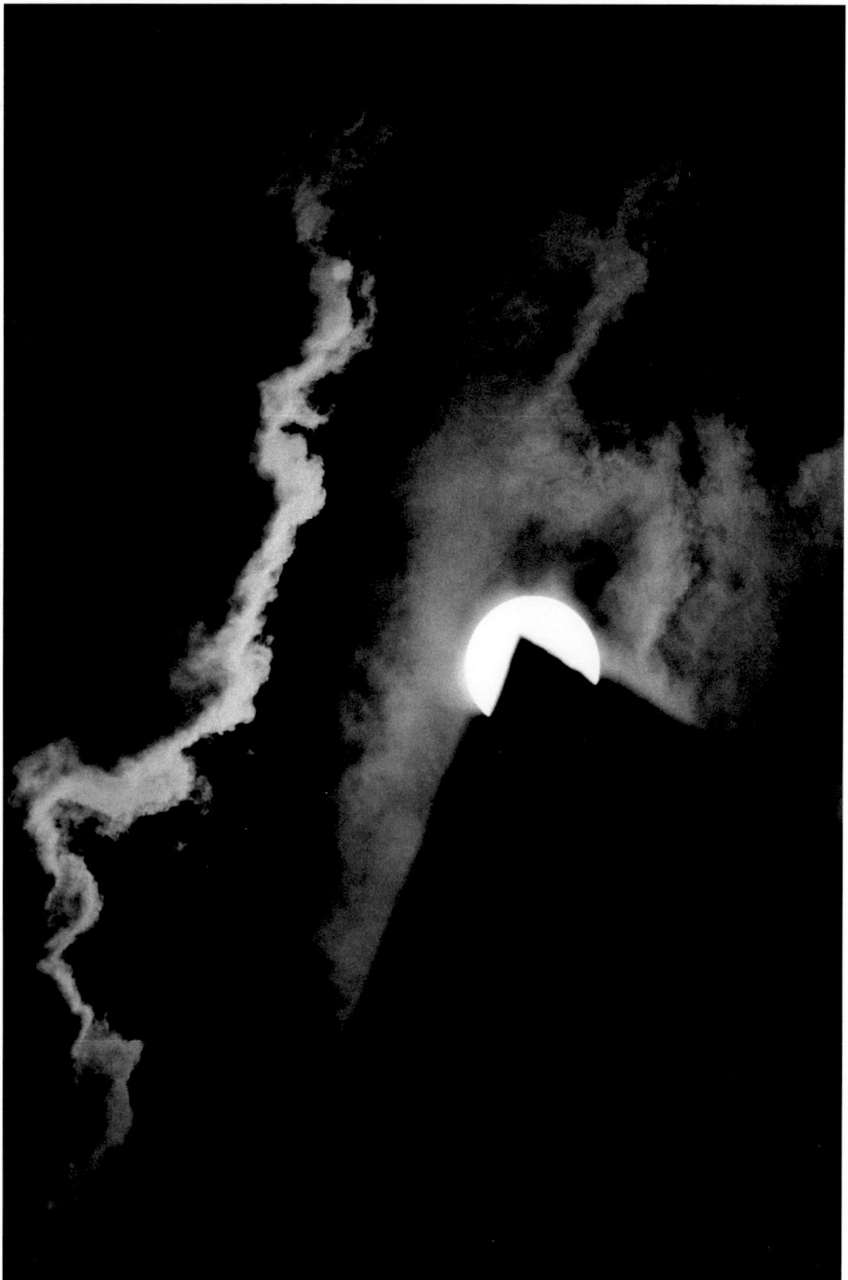

Belichtungszeit und Bewegung

Die Belichtungszeit gibt an, wie lange Licht in Ihre Kamera fällt. Mit längeren Belichtungszeiten verschwimmt Bewegung, weil der Verschluss länger geöffnet bleibt. Kürzere Belichtungszeiten dagegen frieren Bewegungen ein, der Verschluss öffnet und schließt sich sehr schnell.

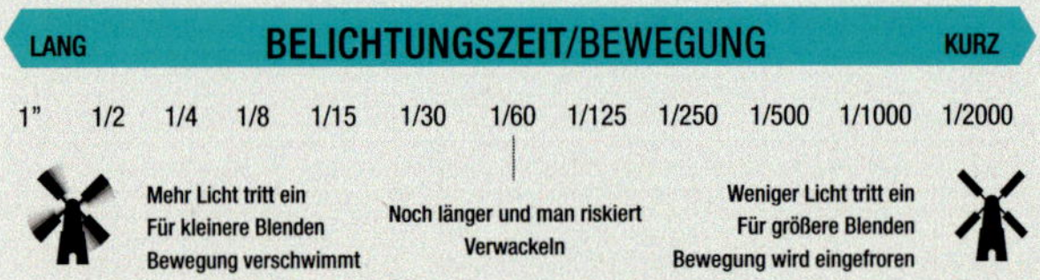

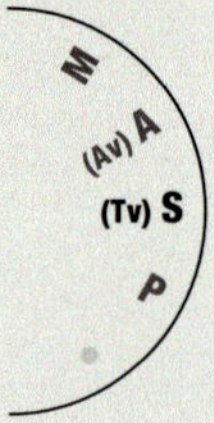

Wenn man Orte fotografiert, ist die Belichtungszeit normalerweise weniger wichtig als die Blende, es sei denn, Sie fotografieren einen Ort, der sich bewegt – wie etwa Wasser, windgepeitschtes Gras und Verkehr bei Nacht. In solchen Fällen sollten Sie die Blendenautomatik (**S** oder **TV**) benutzen. Dieser halbautomatische Modus gibt Ihnen die Kontrolle über die Belichtungszeit, während die Kamera automatisch die Blende einstellt.

Denken Sie daran, die Wirkung von Unschärfe in einem Foto ist am größten, wenn sie mit Stille kombiniert wird. Setzen Sie Ihre Kamera auf ein Stativ, falls Sie mit Belichtungszeiten arbeiten wollen, die länger sind als **1/60** und die Bilder nicht verwackelt sein sollten.

Richtlinien zur Bewegung

Diese Tabelle enthält grobe Richtlinien zu den Auswirkungen der Belichtungszeit in Bezug auf die Bewegung. Sie soll Ihnen als Ausgangspunkt dienen, schließlich hängt das Ausmaß der Unschärfe auch davon ab, wie schnell sich das Motiv bewegt und wie viel Platz es im Bildbereich einnimmt.

Motiv	Einfrieren	Verschwimmen
Wasser (schnell)	**1/250** oder kürzer	**2"** oder länger
Water (langsam)	**1/60** oder kürzer	**5"** oder länger
Verkehr bei Nacht	**1/125** oder kürzer	**5"** oder länger
Sternenspuren	**N/A**	**10** min oder länger
Pflanzen im Wind	**1/125** oder kürzer	**2"** oder länger
Gehende Menschen	**1/60** oder kürzer	**1/8** oder länger
Laufende Menschen	**1/250** oder kürzer	**1/30** oder länger
Wolken (starker Wind)	**N/A**	**10"** oder länger

Die Brüche geben Sekundenbruchteile an und das " bedeutet ganze Sekunden. (2" ist also eine Belichtung von zwei Sekunden.)

Blende und Schärfentiefe

Die Blende ist fast wie Ihr Auge. Wenn es dunkel wird, öffnet sich Ihre Pupille weiter und lässt mehr Licht ins Auge. Ist es heller, verengt sich Ihre Pupille und lässt weniger Licht hinein. Eine niedrige Blendenzahl entspricht einer weit offenen Blende (große Öffnung). Eine hohe Blendenzahl« entspricht dagegen einer kleinen Blende.

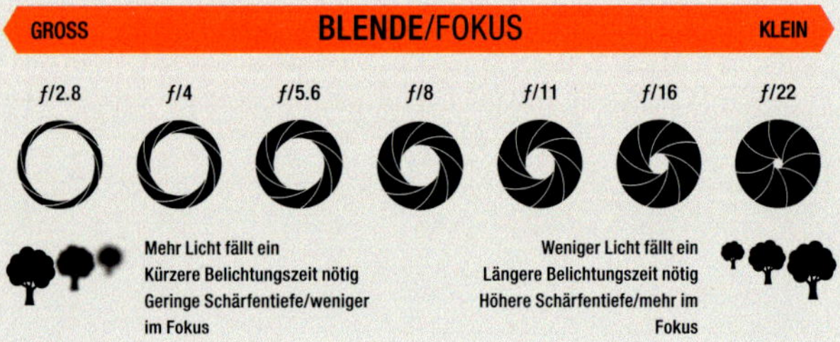

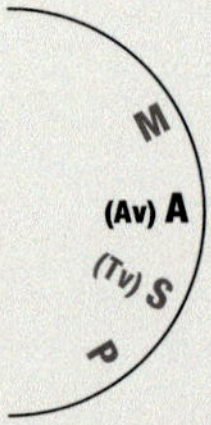

Da Landschaften, Gebäude und Inneneinrichtungen sich üblicherweise nicht bewegen, ist die Blende im Allgemeinen wichtiger als die Belichtungszeit, weil die Blende die Schärfentiefe steuert (wie wir auf den Seiten 40–43 gesehen haben). Nutzen Sie beim Fotografieren statischer Orte daher die Zeitautomatik (**A** oder **Av**). Dabei wählen Sie die Blende, während sich die Kamera um die passende Belichtungszeit kümmert. Allerdings wird die Schärfentiefe nicht nur von der Blende, sondern auch von Ihrem Abstand zum Motiv und der Brennweite des benutzten Objektivs beeinflusst.

Die Schärfentiefe erhöht sich, wenn man auf weiter entfernte Motive fokussiert, und verringert sich entsprechend bei Motiven, die weniger weit entfernt sind. Wenn Sie eine große Aussicht fotografieren, sieht also alles selbst bei einer großen Blende (niedrige Blendenzahl) scharf aus. Fokussieren Sie dagegen auf etwas sehr nahe Gelegenes, erhalten Sie auch bei kleinerer Blende eine flache Schärfentiefe.

Weitwinkelobjektive – das sind die mit kürzeren Brennweiten – erzeugen meist eine größere Schärfentiefe, während Teleobjektive (längere Brennweite) eine flachere Schärfentiefe ergeben.

ISO

Der ISO-Wert steuert, wie lichtempfindlich Ihre Kamera ist. Je höher der ISO ist, umso empfindlicher ist Ihre Kamera. Das ist gut, wenn es weniger Licht gibt. Bei niedrigeren ISO-Werten ist die Kamera weniger empfindlich. Das ist gut, wenn es sehr hell ist.

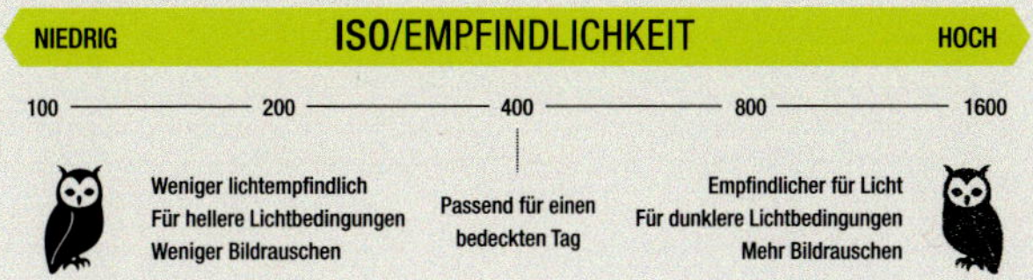

ISO beeinflusst direkt die Belichtungszeit und die Blende. Höhere ISO-Werte erlauben es Ihnen, eine Kombination aus kurzen Belichtungszeiten und kleinen Blenden einzusetzen, während Sie bei niedrigeren ISO-Werten gut mit einer Kombination aus längeren Belichtungszeiten und größeren Blenden arbeiten können.

Verwenden Sie immer den niedrigstmöglichen ISO für den kreativen Effekt, den Sie erreichen wollen. Bei hohen ISO-Werten handeln Sie sich nämlich Bildrauschen ein. Bei den meisten modernen DSLRs wird das allerdings im Allgemeinen erst jenseits von **1600** zum Problem.

Der normale ISO für einen bedeckten Tag beträgt höchstens **400**. Fragen Sie sich deshalb immer, ob es heller oder dunkler als an einem bedeckten Tag ist und wählen Sie den ISO entsprechend. Falls Sie jedoch mit einem Stativ arbeiten, besteht nicht das Risiko, dass die Kamera wackelt. Verwenden Sie in solchen Fällen immer den niedrigsten ISO, den Ihre Kamera anbietet.

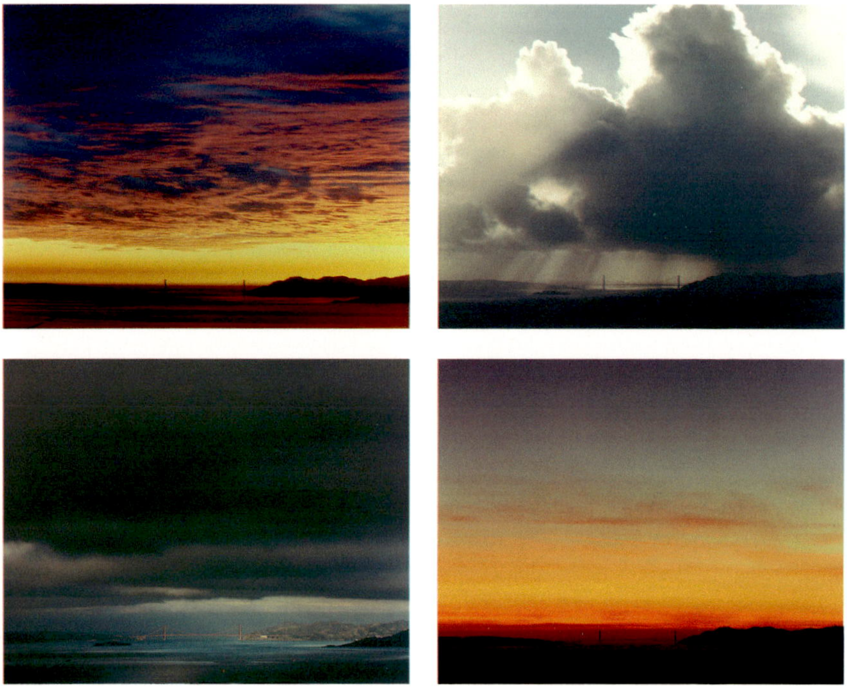

Golden Gate Bridge:
12.14.99, 5:23 Uhr, 1999;
4.9.00, 7:49 Uhr, 2000;
2.27.00, 17:02 Uhr, 2000;
2.13.01, 17:59 Uhr, 2001

Richard Misrach

Gute Dinge ereilen die, die auf sie warten

Landschaften brauchen Jahrtausende für ihre Entstehung und Städte wachsen in Jahrhunderten. Dennoch zeigt uns das Licht, die machtvolle Naturgewalt, von Jahreszeit zu Jahreszeit, von Tag zu Tag, von Minute zu Minute, dass alles sich ständig ändert.

Betrachten Sie hier einmal Richard Misrachs Fotos der Golden Gate Bridge, die er im Laufe von drei Jahren von seiner Veranda aus aufnahm. Selbst dieser vertraute Anblick ist niemals gleich. Das sich ändernde Licht sorgt dafür, dass jedes Bild anders ist. Das Licht nimmt eine faszinierende physische Präsenz an, die selbst der Brücke Konkurrenz macht.

Manchmal haben Sie Glück, meist aber müssen Sie einfach geduldig sein.

Dies ist das »wann« unseres »was, wann und wie«-Trios. Es ist eine Frage der Jahrezeit, der Tageszeit, des Wetters und des Wartens. Früher oder später bietet Ihnen das Licht, wonach Sie suchen; Sie müssen darauf vorbereitet sein, und, glauben Sie mir, das perfekteste Licht kommt und geht oft innerhalb eines Augenblicks.

Schauen wir uns also einen Tag lang an, welchen grundlegenden Einfluss das Licht auf das Aussehen und die Anmutung eines Ortes haben kann. Und wann lässt sich damit besser beginnen als bei Sonnenaufgang?

Morning Glory

Der Geruch des morgendlichen Taus. Die frische Luft auf meinem Gesicht. Das ferne Zwitschern der Vögel, das durch die Stille tönt. Ich träume von England, wenn ich mir Harry Cory Wrights zeitlose Fotografien ländlicher Szenen anschaue, die im warmen Licht des Sonnenaufgangs baden.

Die goldene Stunde tritt wenige Augenblicke nach Sonnenaufgang oder vor Sonnenuntergang ein.

Landschaftsfotografen sind Frühaufsteher. Sie fühlen sich von der aufgehenden Sonne angezogen, mit ihren goldenen Farbtönen und den knackigen Schatten. Es ist ein ganz typisches Licht, das ein beruhigendes Gefühl von Wohlbefinden ausstrahlt. Und da ist noch mehr. Der Dunst am Morgen bringt Atmosphäre in Ihre Bilder. Das schafft Tiefe, da weit entfernte Objekte sich noch weiter zu entfernen scheinen.

Oh, und noch eine letzte Sache. Das Licht ist direkt vor dem »offiziellen« Sonnenaufgang immer am besten. Um die goldene Stunde optimal auszunutzen, sollten Sie eine halbe Stunde früher eintreffen. Auf diese Weise erleben Sie das ganze Schauspiel und haben ausreichend Zeit, um alles einzurichten. Gibt es einen besseren Start in den Tag?

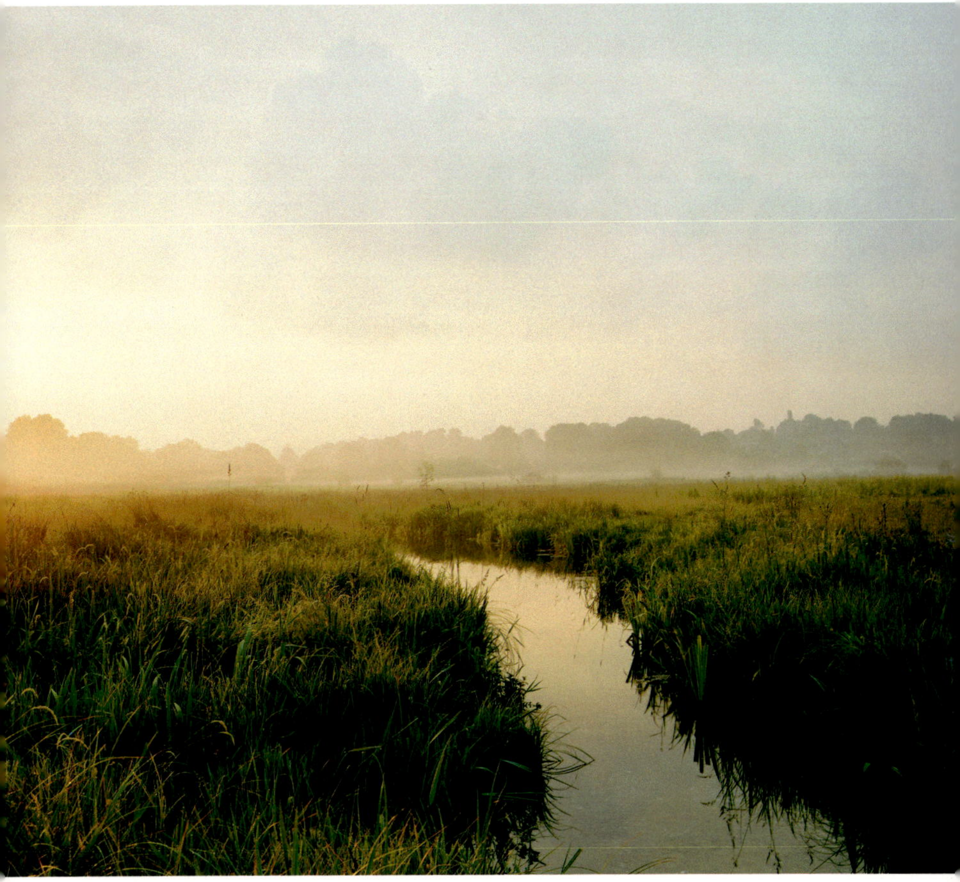

Journey through the British Isles
Harry Cory Wright
2006

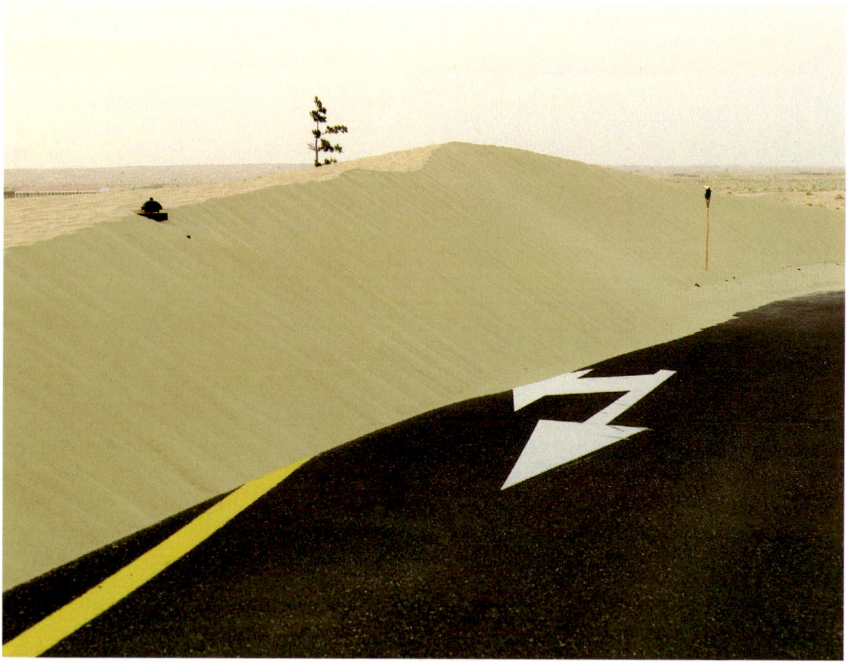

Ohne Titel
aus der Serie »Desert Spirit – Dubai, 2007–11«

Philippe Chancel

Sanft, weich

Es scheint, als sei der Abbiegepfeil die einzige Verteidigung der Straße gegen die vorrückende Wüste. Meter um Meter, Jahr um Jahr versucht der Sand der Zeit die Landschaft zurückzuerobern und die Anstrengungen der Menschen auszuradieren, das Gelände zu asphaltieren.

Philippe Chancel nutzt in diesem Bild das flache Licht, um ein Gefühl von gedrückter Indifferenz über die Situation zu legen. Helle Lichter und dunkle Schatten würden einen dramatischen Kontrast erzeugen. Da dieser fehlt, wirkt alles langsamer und besinnlicher. Das Licht weist uns hier auf die passive Unausweichlichkeit der Zeit hin.

Weitere Beispiele:
Mitch Epstein S. 16
Bernd und Hilla Becher S. 111

Das flache Licht eines bedeckten Tages lässt Bilder »ruhiger« wirken.

Eine geschlossene Wolkendecke fungiert wie ein riesiger Diffusor, da sie das Sonnenlicht gleichmäßig über den gesamten Himmel verteilt. Diese Gleichmäßigkeit verringert den Kontrast und vereinfacht die Belichtungsmessung – schließlich müssen Sie sich nicht mit extremen Licht- und Schattenbedingungen abplagen.

Dennoch ist ein bedeckter Himmel überraschend hell. Falls der Himmel also mehr als die Hälfte des Bildes einnehmen soll, müssen Sie die Belichtungskorrektur benutzen (stellen Sie sie Richtung **+**) um zu verhindern, dass die Landschaft unterbelichtet wird. Das gilt vor allem, wenn die Landschaft aus dunklen Elementen besteht, wie etwa Vegetation.

Hardliner

Weitere Beispiele:
Floto + Warner S. 39
Kathy Ryan S. 108
Charles Duke S. 118

Robert Adams zeigt uns eine weitere Wüste. Dies ist eine dürre Ebene im amerikanischen Westen, die gesprenkelt ist mit Fertighäusern. In ihrer schachtelförmigen, geschindelten und makellosen Reinheit wirkt dieser Ort irgendwie unschuldig, wenn nicht dieser Vordergrundschatten wäre. So wie er aus dem Haus herauskriecht, könnte es der Umriss einer Kirche sein, die wie ein ominöses Symbol des vorbestimmten Schicksals ihr Zeichen hinterlassen hat.

Hartes Licht betont Winkel, macht Oberflächentexturen sichtbar und bringt eine extreme visuelle Klarheit mit sich.

Da direktes Sonnenlicht so intensiv ist, sitzen Objekte, die von ihm angeleuchtet werden, quasi auf dem Präsentierteller – nichts kann sich vor diesem Licht verstecken. Das Übermaß an Licht erlaubt Ihnen aber auch kürzere Belichtungszeiten und kleinere Blenden, wodurch alles, was im Bild auftaucht, schärfer wird. Sie erhalten also absolute visuelle Klarheit.

Es bedeutet aber auch, dass in Ihrem Bild immer starke bestimmende Schatten zu sehen sein werden. Sie sehen hier, wie Adams dem Schatten in seiner Komposition Rechnung trägt. Er verwendet ihn wie ein Objekt, nicht anders als das Haus. Das schafft einen Ausgleich, legt aber auch nahe, dass der Schatten das eigentliche Motiv ist.

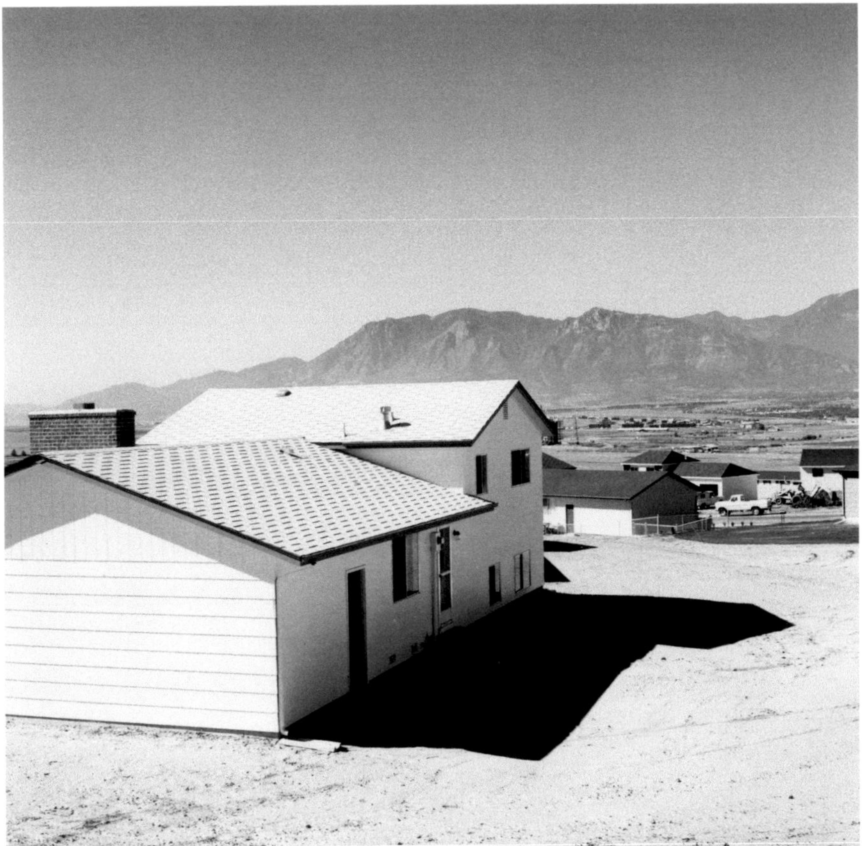

Neu fertiggestelltes Reihen-haus, Colorado Springs, Colorado

Robert Adams

1968

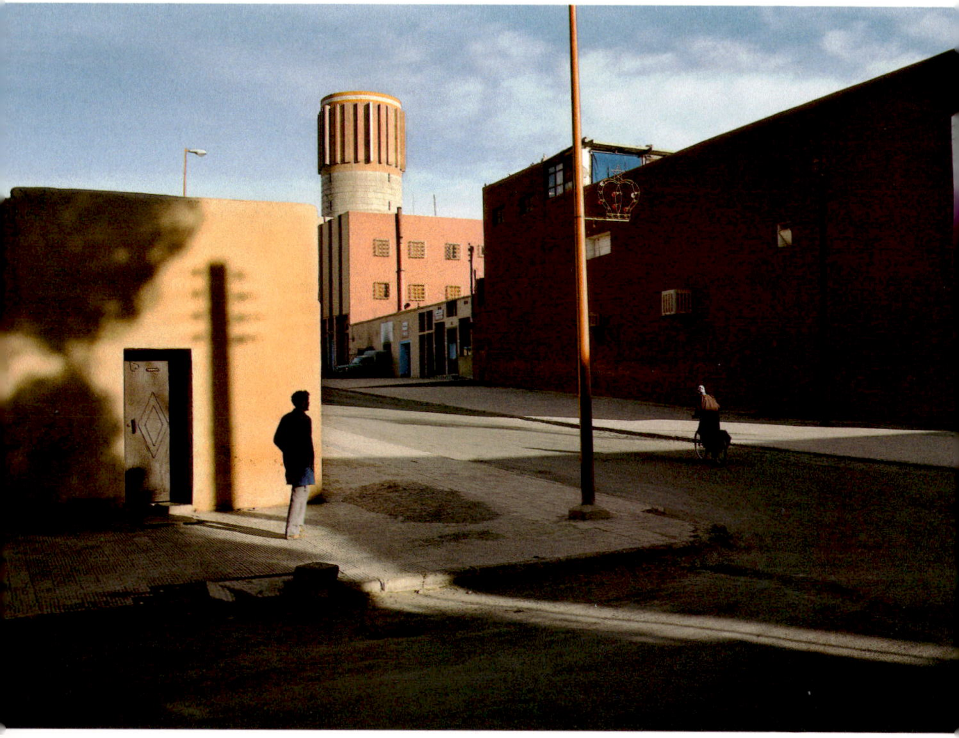

Ouarzazate, Marokko
Harry Gruyaert
1986

Schattige Geschichten

Welchen Augenblick hat Harry Gruyaert hier eingefangen? Wir wundern uns über den einsamen Mann und den vorbeifahrenden Radfahrer. Eigentlich ist das nicht besonders bemerkenswert. Aber wenn diese Figuren hier gezeigt werden, wie sie aus den langen Schatten herauskommen bzw. in sie hineintreten, füllt sich die Straßenecke förmlich mit Möglichkeiten. Worauf läuft das hier alles hinaus? Ich bin mir nicht ganz sicher. Ich weiß nur, dass ich es liebe.

Weitere Beispiele:
Simon Norfolk S. 35
Rinko Kawauchi S. 44
Richard Misrach S. 52

Das Spätnachmittagslicht ist wunderschön, aber vergänglich.

Wenn die Sonne niedrig am Himmel steht, ranken sich die Schatten über den Boden. Flächen, die einst beleuchtet waren, versinken in der Dunkelheit. Das stark gerichtete Licht sorgt auch dafür, dass Fassaden entweder hell oder dunkel wirken, wodurch die Architektur noch kantiger aussieht. Es ist eine magische Zeit. Aber Schatten wie diese sind immer in Bewegung, bis sie sich schon bald komplett auflösen.

Gruyaerts Bild mag zeitlos erscheinen, aber der Stillstand täuscht. Während sich alle Elemente zusammenfügten, musste er ständig auf der Hut sein, weil er wusste, dass sich alles ändert. Auch Sie müssen beim Arbeiten in solchem Licht versuchen, den Augenblick vorherzuahnen und bereit zu sein.

Sundowner

Weitere Beispiele:
Steffi Klenz S. 107
Joel Sternfeld S. 113

Als Alec Soth die Niagarafälle besuchte, interessierte er sich weniger für das Spektakel selbst und mehr für die billigen Motels, in denen frischverheiratete Paare ihre Flitterwochen verbringen.

Hier fotografiert Soth ein solches Motel bei Dämmerung. Alles ist ruhig. Der Pool ist spiegelglatt, die Stühle sind verlassen und die Zimmertüren sind geschlossen. Wenn der Tag zur Nacht wird, bekommt die Szene einen Hauch von Melancholie. Man spürt, dass der Strom der Paare am nächsten Tag weitergehen wird – diejenigen, die gehen, werden durch Neuankömmlinge ersetzt.

Die Dämmerung ist bewegend. Sie wirkt sowohl ruhig als auch unheilvoll.

Wenn die Sonne hinter dem Horizont versinkt, fallen Schatten über die Welt. Das spielt mit unserer Vorstellung von Tiefe. Für wenige ungewisse Minuten scheint alles flach zu sein. Als würde die Welt Atem holen, um sich auf die lange Nacht vorzubereiten, die vor ihr liegt.

Das ist auch der Moment, in dem die Straßenlaternen zum Leben erwachen. Die Mischung aus künstlichem und natürlichem Licht schafft eine ganz eigene Atmosphäre. Soth stellt dem kühlen Blau im Vordergrund die Wärme der Motellichter und der untergehenden Sonne gegenüber. Wäre das Bild zu einer anderen Tageszeit aufgenommen worden, würde es etwas ganz anderes aussagen.

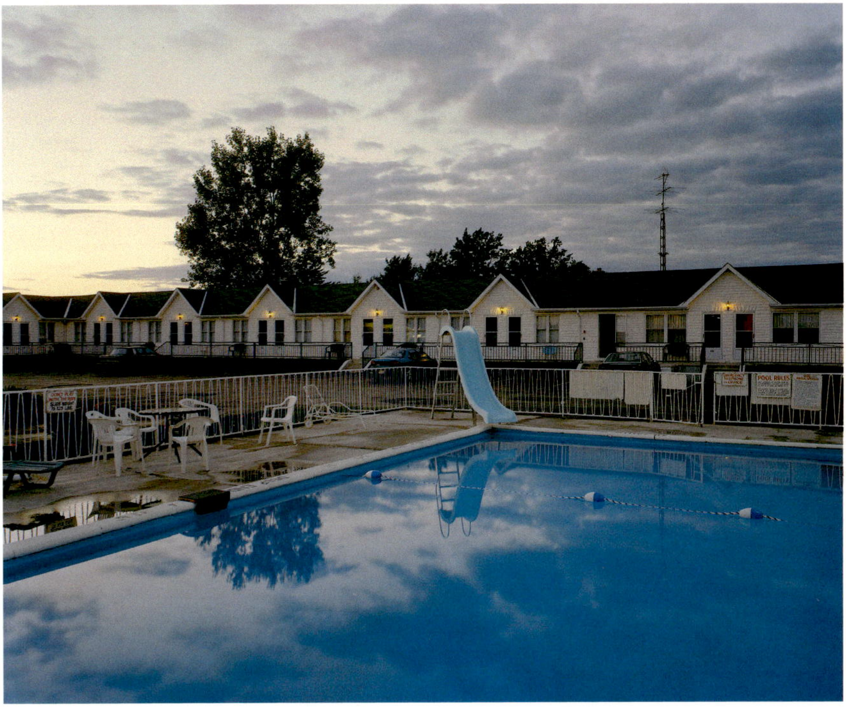

A-1 Motel, Kanada
Alec Soth
2005

Zwielichtige Charaktere

Weitere Beispiele:
Todd Hido S. 69

Brassaï war sein Name und er durchstreifte die Straßen von Paris bei Nacht, zu einer Zeit, als die Stadt vor Prostituierten, Freiern und blutdürstigen Gangs wimmelte.

Hier fotografiert Brassaï »Big Alberts Gang«. Man fragt sich, welche zwielichtigen Deals dort um die Ecke im grellen Autoscheinwerferlicht ausgehandelt werden. Die dramatische Beleuchtung lässt diese Männer vielleicht wie Schauspieler aussehen, aber lassen Sie sich nicht täuschen – es sind Verbrecher. Verbrecher, die schließlich Brassaïs Brieftasche stahlen, obwohl er sie fürstlich für dieses Bild entlohnt hatte.

Bei Nacht verwandelt sich die Stadt in eine Bühne.

In Städten wirken Straßenlaternen, beleuchtete Hauseingänge und Autoscheinwerfer nach Einbruch der Dunkelheit wie eine Bühnenbeleuchtung. Dieses Licht ist im Allgemeinen hart und gerichtet, so dass helle Lichter und dunkle Schatten entstehen. Fügen Sie dann noch abendlichen Dunst und regenfeuchte Straßen hinzu und Sie haben einen millionenteuren Filmschauplatz.

Falls Sie sich für die Architektur interessieren, benutzen Sie ein Stativ und einen niedrigen ISO-Wert. Wollen Sie dagegen lieber Menschen aufnehmen, machen Sie sich mit leichtem Gepäck auf den Weg und erhöhen Sie Ihren ISO, damit Sie die Kamera mit der Hand führen können. Blitz? Vergessen Sie es. Lassen Sie das Umgebungslicht ans Werk.

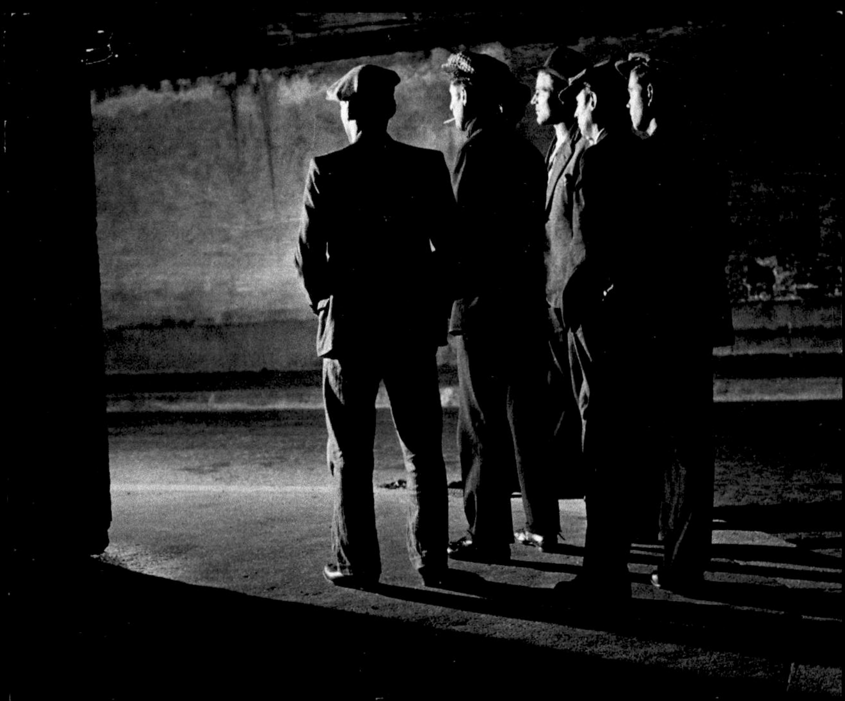

Big Alberts Gang
Brassaï
1931 oder 1932

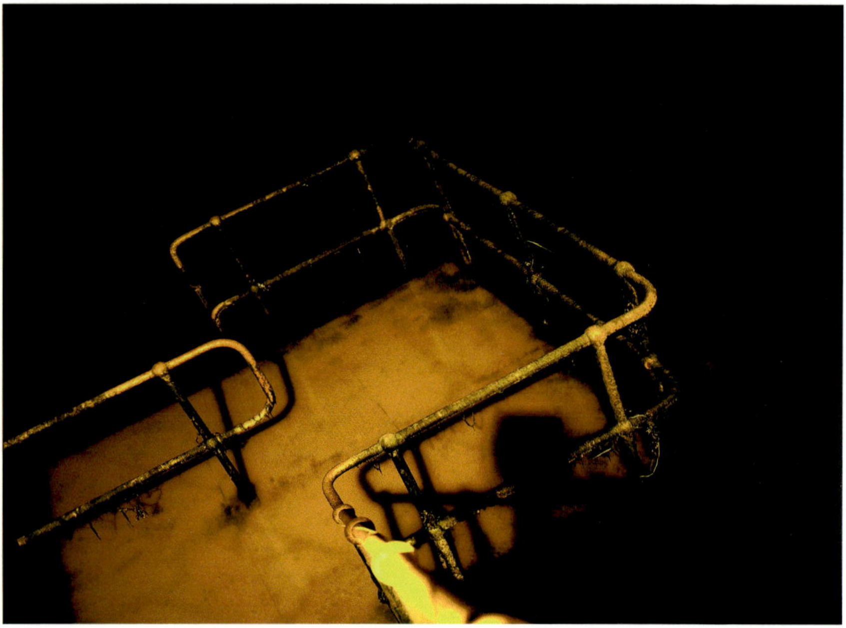

Ffolly
Rut Blees Luxemburg
2003

Die Farben der Nacht

Das könnte ein verrostetes Teil der *Titanic* sein, die einsam auf dem Grund des Ozeans liegt, aus der Dunkelheit gerissen durch das suchende Licht einer Unterwasserkamera.

Dabei handelt es sich hier um eine Plattform, die in einen Fluss hinausragt, doch das Wesen des Lichts in diesem Foto von Rut Blees Luxemburg schickt unsere Fotografie auf eine weniger gradlinige Reise. Für sie enthüllen die künstlichen Lichtquellen, die durch die Abendstunden strahlen, die geheimen Geschichten einer Stadt. Geschichten, die bei Tageslicht unterdrückt und erst durch die Nacht hervorgelockt werden.

Orte, die am Tag nichtssagend wirken, erwachen nachts zum Leben.

Für einige Stunden sickert jede Nacht ein Neonleuchten durch die Stadt. Jedes natürliche Licht vom Mond oder den Sternen wird durch Orange-, Gelb- und Grüntöne kontaminiert. Betrachtet man die urbanen Winkel wie Treppen und Parkplätze, die Luxemburg fotografiert, in diesen ätzenden Schattierungen, werden sie in gewisser Weise der Realität entrückt. Ahnungsvoll, aber dennoch unverfänglich, wirken sie wie Fragmente aus einem Traum.

Fotografiert man in Farbe unter künstlichem Licht, lässt sich das Ergebnis oft nur schwer vorhersagen und ist manchmal sehr überraschend. Sie können sich alle Theorien über die Farbtemperatur durchlesen, aber der beste Weg, um die Wirkungen der verschiedenen Lichtquellen kennenzulernen, besteht darin, einfach loszufotografieren.

Weitere Beispiele:
Todd Hido S. 69

Gute-Nacht-Geschichten

Weitere Beispiele:
Julius Shulman S. 11
Rut Blees Luxemburg S. 66

Todd Hido ist eine Art Geist, der nachts in den Vorstädten umgeht. Niemand sieht ihn. Niemand hört ihn. Er fährt einfach herum und fotografiert die mehrdeutigen Geschichten, die in der Dunkelheit von den anonymen Häusern ausgehen.

Dieses Haus, das von der anderen Straßenseite aus fotografiert wurde, sinkt in das dunstig graue Schwarz zurück. Es ist nahezu leblos, sieht man von dem goldenen Leuchten im oberen Fenster ab. Wer befindet sich in diesem Zimmer? Ist derjenige allein und was macht er?

Nachts verlieren sich die Details im Dunkel und unsere Fantasie übernimmt die Kontrolle.

Es passiert jeden Tag und wir nehmen es als gegeben hin, aber wenn die Nacht hereinbricht, ändert sich alles. Und ich spreche nicht nur vom Licht. Straßen sind ausgestorben, die Städte kommen zur Ruhe, die Zeit scheint sich zu verlangsamen und falls Sie allein herumstreifen, werden Sie selbst in vertrauten Gegenden zum Außenseiter.

Für Hido ist »Nacht« eine Zeit und ein Ort, der es ihm erlaubt, aus der eigentlichen Welt herauszutreten und in eine Welt zu kommen, die von seiner Fantasie regiert wird. Zapfen Sie diesen psychologischen Zustand an und Ihre Fotos werden voller unbeantworteter Fragen sein. Für einen Fotografen ist dies das ergiebigste Gebiet von allen.

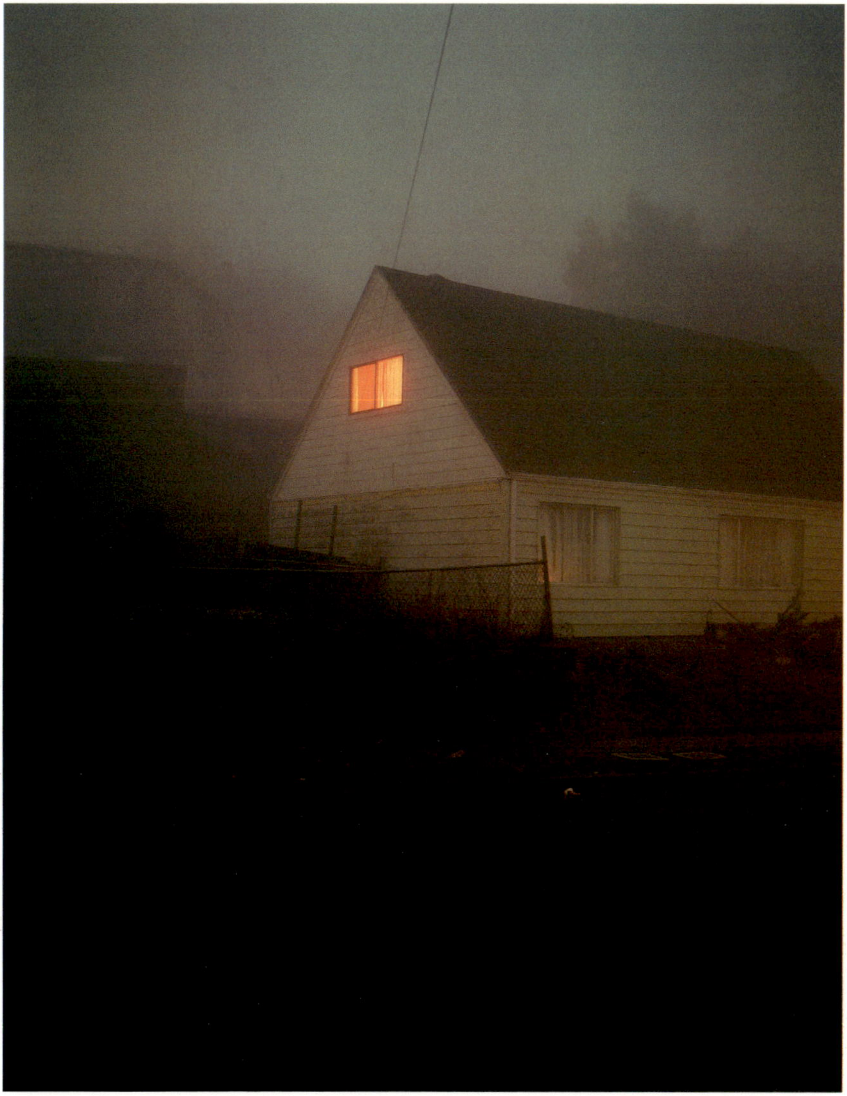

#1975-a
aus der Serie »House Hunting«
Todd Hido
1996

Farbe steuern

Licht gibt es in allen möglichen Farben oder Temperaturen. Das Licht von Glühlampen ist orange oder warm. Natürliches Licht ist blau oder kühl und wird bei Sonnenaufgang oder -untergang viel wärmer.

Im Allgemeinen sollen unsere Fotos »neutral« aussehen, also nur einen kleinen oder gar keinen Farbstich haben. Dabei helfen uns die Weißabgleichvoreinstellungen (**WB**) der Kamera. Wählen Sie einfach den passenden **WB** für die Lichtbedingungen und das war's.

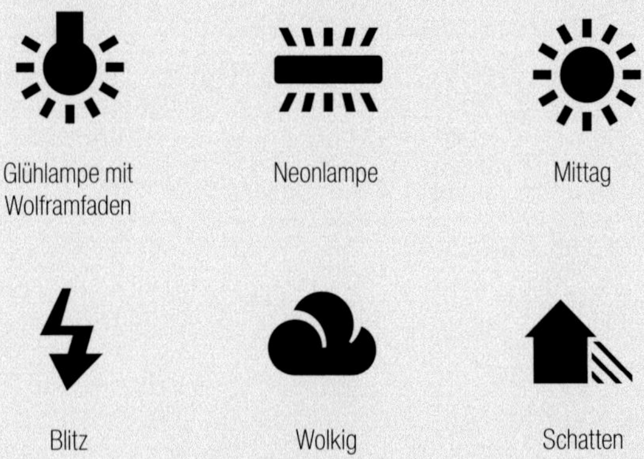

Wie wir aber gerade gesehen haben, können Sie beim Fotografieren von Orten mit Farbe unterschiedliche emotionale Reaktionen hervorrufen. Wärmere Farbtöne fühlen sich nostalgisch an, während kühlere Töne recht verstörend sein können. Und die variierenden Farben einer künstlichen Lichtquelle können alle Arten von Mehrdeutigkeit in Ihr Bild bringen. Wählen Sie deshalb nicht unbedingt immer die »korrekteste« Einstellung für den Weißabgleich als Streben nach Neutralität, sondern spielen Sie stattdessen mit dem Unerwarteten.

RAW fotografieren

Ihre Digitalkamera kann Bilder auf zwei Arten speichern - JPEG oder RAW. RAW-Dateien sind von der Kamera nicht bzw. nur wenig nachbearbeitet und enthalten mehr Informationen, während JPEGs bereits für die Darstellung verarbeitet wurden und Informationen opfern, damit eine kleinere Datei entsteht.

RAW bietet Ihnen mehr Flexibilität und Kontrolle, wenn Sie in einem Bildbearbeitungsprogramm die Farben nachbearbeiten. Versuchen Sie, eine JPEG-Datei auf dieselbe Weise zu bearbeiten, und das Bild wird sehr unerfreulich. Ich rate Ihnen daher, in RAW zu fotografieren, vor allem, wenn Sie unter extremen Bedingungen arbeiten. Verwenden Sie außerdem den Automatischen Weißabgleich (AWB) und passen Sie die Farben hinterher an.

Schwarzweiß

Bei Schwarzweiß ist die Farbtemperatur irrelevant. Stattdessen gewinnt die Qualität des Lichts an Bedeutung. Weiches Licht reduziert den Kontrast, während hartes Licht ihn verstärkt. RAW-Dateien sind immer farbig. Das heißt, selbst wenn Ihr Bild am Ende schwarzweiß sein soll, sollten Sie in RAW fotografieren und die Datei hinterher in einem Bildbearbeitungsprogramm umwandeln, anstatt den Schwarzweiß-Modus Ihrer Kamera zu benutzen.

Wichtige Filter

Benutzen Sie Filter mit äußerster Vorsicht, um Ihre Bilder nicht zu verschandeln. Ich rate Ihnen: Hüten Sie sich vor Farbfiltern. Amateure lieben sie, vor allem die orangefarbenen Filter, mit denen alles wie ein Sonnenuntergang aussieht. Auch Spezialeffektfilter sollten Sie nach Möglichkeit vermeiden. Wir sind hier nicht in den Achtzigern.

Doch nicht alle Filter sind böse. Einige sind sogar ausgesprochen wichtig, wenn Sie Landschaften und Architektur aufnehmen. Ich stelle Ihnen hier einige Filter vor, mit denen Sie sich anfreunden sollten. Sie funktionieren sowohl in Farbe als auch in Schwarzweiß.

Skylight- oder UV-Filter

Die sind toll, vor allem, weil sie eigentlich nicht viel tun. Ein Skylight- oder UV-Flter ist ein klares, rundes Stück Glas, das man auf sein Objektiv schraubt, um es vor Schmutz und Kratzern zu schützen. Im Vergleich zum Objektiv ist ein solcher Filter billig, weshalb Sie immer einen haben sollten. UV-Filter reduzieren außerdem Dunst, der Effekt ist aber sehr schwach.

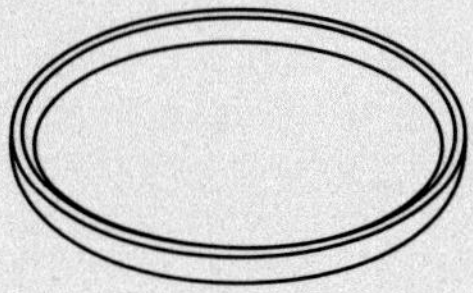

Polarisationsfilter (Polfilter)

Ein Polfilter, heute meist ein zirkularer, reduziert Reflexionen von Glas und Wasser. Er wird auf das Objektiv geschraubt und besteht aus zwei Ringen der äußere lässt sich drehen, um das Ausmaß der Reflexionen zu variieren. Die Ergebnisse sind meist recht subtil. Schauen Sie deshalb beim Drehen des Ringes sehr sorgfältig durch den Sucher, um festzustellen, wie sich die Reflexionen verändern. Polfilter dunkeln außerdem die Blautöne ab und erzeugen dadurch einen höheren Kontrast zwischen Himmel und Wolken.

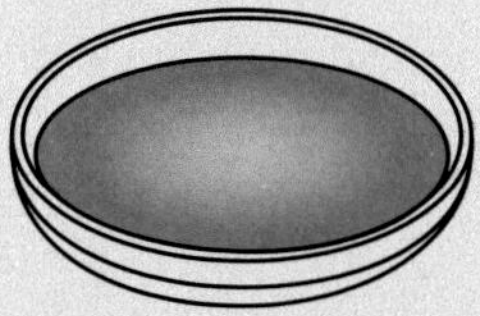

Neutraldichte- (ND) Filter

Dies ist ein Graufilter, meist quadratisch, der die Lichtmenge reduziert, die durch das Objektiv fällt, ohne einen Farbstich zu verursachen. Das ist bei längeren Belichtungszeiten (für Bewegungsunschärfe) oder größeren Blenden (für eine flache Schärfentiefe) unter hellen Bedingungen ganz praktisch, da sonst alles überbelichtet würde. Je dunkler der Filter ist, umso extremer ist die Wirkung.

Grauverlauffilter

Dieser macht im Prinzip dasselbe wie ein normaler ND-Filter, liefert aber keinen durchgehenden Farbton, sondern verläuft von Grau zu transparent. Wenn Sie die dunklere Hälfte über den Himmel positionieren, bekommen Sie an einer Stelle mehr Details, die normalerweise ausgebrannt werden würde. Beide Arten von Graufiltern gibt es in einer Vielzahl von Dichten,von sehr hell bis sehr dunkel.

Größe ist wichtig

Achten Sie beim Kauf eines runden Filters darauf, dass er die passende Größe für Ihr Objektiv hat. Auf den meisten Objektiven ist der Durchmesser vermerkt. Suchen Sie nach diesem Symbol: **Ø**. Falls es fehlt, müssen Sie den Durchmesser des Filtergewindes an der Front des Objektivs messen. Wir arbeiten mit mm, das Maß könnte daher etwas ungenau sein. Zum Glück sind die Durchmesser standardisiert, so dass Sie einfach die nächstgelegene Standardgröße wählen: **49, 52, 55, 58, 60, 62, 67, 72, 77.**

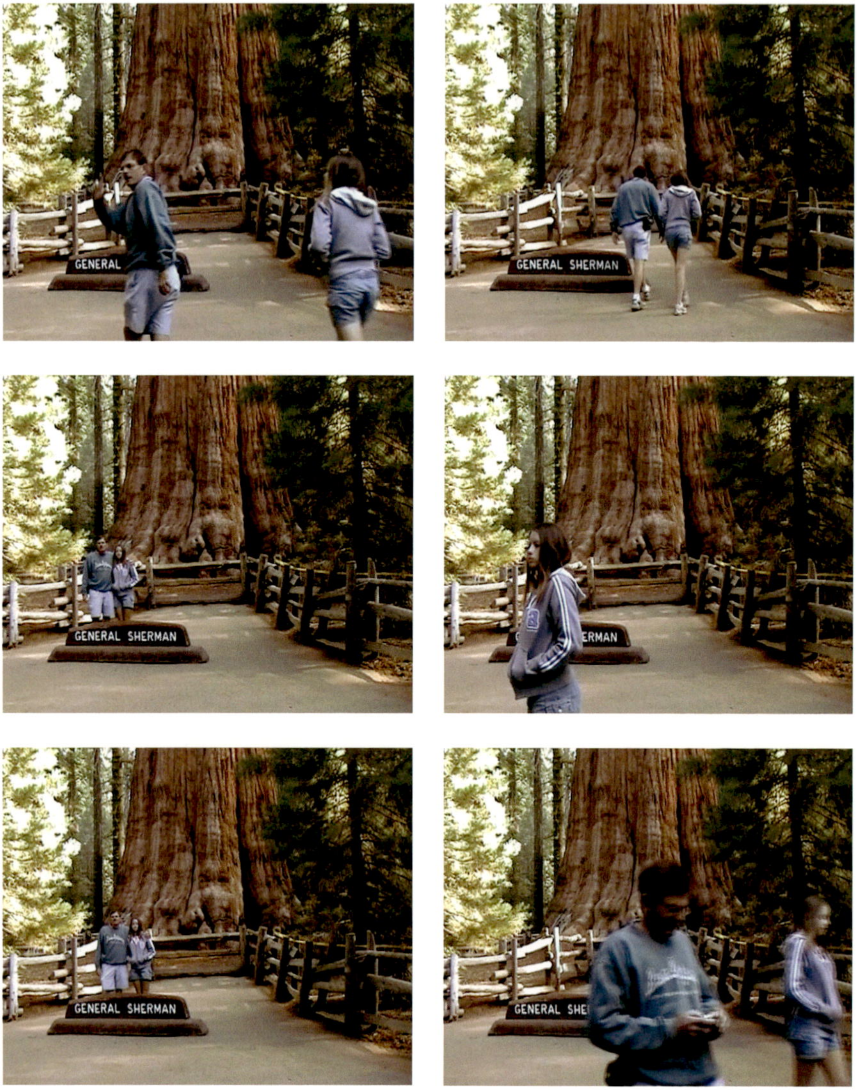

Standfotos aus meinem Film *General Sherman, The Largest Living Thing on the Planet* (2004), die einen Mann mit seiner Tochter zeigen, während ich sie fotografierte.

Ich möchte Ihnen eine Geschichte erzählen

MANIPULATION

Ich filmte das größte Lebewesen auf dem Planeten – einen riesigen kalifornischen Sequoia namens General Sherman. Während der Arbeit fragte mich ein Mann, ob ich ihn und seine Tochter vor dem Baum fotografieren würde. Er gab mir seine Kamera, ich machte das Bild und gab sie zurück.

Er betrachtete das Bild, irgendwie unzufrieden. Es war jemand im Wald hinter ihm, dessen Anwesenheit ihn störte. Er bestand auf ein neues Foto, wobei ich aufpassen sollte, dass niemand im Bild auftauchte, was an dieser belebten Stelle nicht ganz einfach war. Irgendwann schaffte ich es und er ging glücklich davon.

Jedes Foto ist eine Manipulation der Wahrheit.

Das war eine ganz harmlose Manipulation, aber dennoch: Der Mann wollte diesen Ort auf eine sehr spezielle Weise darstellen, eine, die nicht ganz den Tatsachen entsprach. Wie so viele von uns wollte er die Busladungen der anderen Besucher dieses Naturwunders herausschneiden, damit es so aussah, als sei er allein in der Wildnis gewesen.

Wir alle manipulieren zu einem bestimmten Grad die Wahrheit, wenn wir Bilder aufnehmen. Das kann ganz subtil sein, wenn man etwa auf den »richtigen« Augenblick wartet oder das Bild aus einem bestimmten Blickwinkel aufnimmt. Manchmal jedoch greifen Fotografen auf viel offensichtlichere Manipulationen zurück. Und damit schaffen sie es oft, die eigentliche Wahrheit über die Orte zu enthüllen, die sie fotografieren.

Farbmanipulation

Weitere Beispiele:
Rut Blees Luxemburg S. 66
Thomas Ruff S. 85

Einerseits sind Richard Mosses Landschaften sehr traditionell. Kompositorisch gesehen sind es Klassiker, die in einer Reihe mit den alten Meistern stehen. Wenn da nicht die Farbe wäre. Sie verwandelt die Landschaft in etwas Außerweltliches. Was aber seltsam ist: Seine Szenen fühlen sich trotzdem real an.

Für seine Serie »Infra« fotografierte Mosse die kriegsgebeutelten Landschaften des Kongo mit einem Film, der normalerweise zur militärischen Aufklärung verwendet wird und lebende Vegetation in grellen Rosa- und Rottönen aufnimmt. Indem er diesen Film nicht als Werkzeug für einen militärischen Zweck, sondern für die Kunst verwendet, fordert Mosse unsere Wahrnehmung der Landschaft und die Traditionen der Kriegsfotografie heraus.

Was ist die Wahrheit, wenn es um Farbe geht?

Die Farben im Bild springen sofort ins Auge. Allerdings muss das Manipulieren von Farben in der Fotografie nicht immer so auffällig sein. Werfen Sie an einem sonnigen Tag einen Blick nach draußen und dann wieder an einem bewölkten Tag und Sie werden feststellen, dass nichts eine wahre Farbe hat. Stattdessen geht es eher darum, wie Sie etwas darstellen wollen und warum Sie es auf diese Weise tun.

Gesättigte Bilder packen uns sofort. Sie erregen Aufmerksamkeit und verführen uns mit ihrer Lebendigkeit. Motive werden hyperreal, vor allem, wenn die Farben bis zur Künstlichkeit getrieben werden. Die gedämpften Farben eines Bildes mit geringerer Sättigung dagegen fühlen sich ruhiger und besinnlicher an.

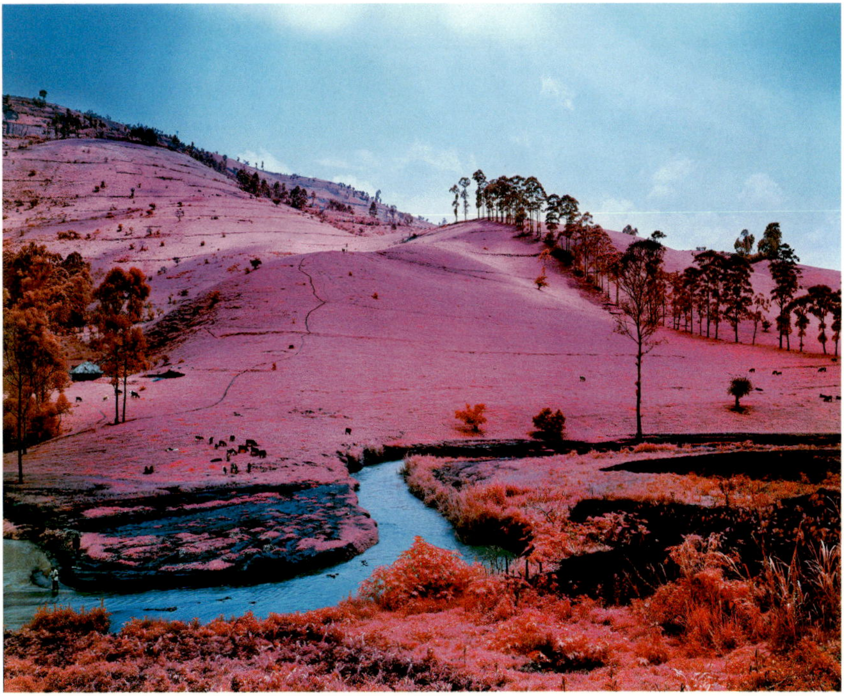

Men of Good Fortune
Richard Mosse
2011

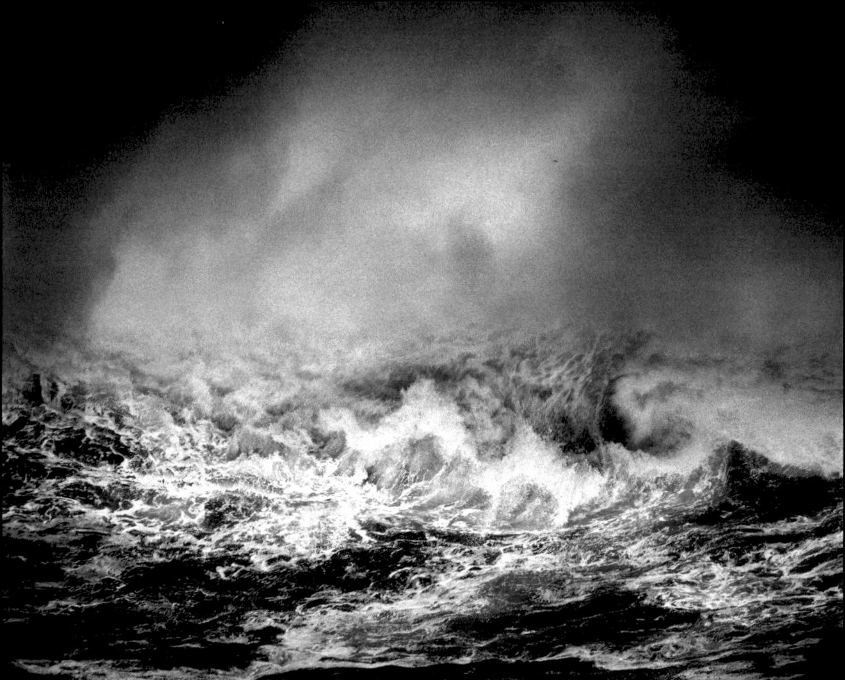

Tonwertmanipulation

In DoDo Jin Mings Meeresbild lässt sich nur schwer erkennen, wo das Wasser auf den Himmel trifft. Ming, die sich der fotografischen Techniken bedient, die auch von Leuten wie Gustave Le Gray im 19. Jahrhundert benutzt wurde, macht auf einem Negativ zwei Belichtungen – eine vom Himmel und eine vom Wasser –, um die Natur darzustellen, wenn sie am spektakulärsten ist.

Das allein ist schon eine großartige Manipulation. Ich möchte aber, dass wir uns hier Mings Einsatz von Schwarzweiß anschauen. Ming lässt die Buchstäblichkeit der Farbe hinter sich und strebt etwas an, das weniger definiert ist. Reduziert man dieses aufgewühlte Wasser auf seine Tonwerte, wirkt es fast wie sein glattes Gegenteil: wie loderndes Feuer. Würde ich ertrinken oder verbrennen, wenn ich mich hineinwerfe?

Weitere Beispiele:
Kikuji Kawada S. 47
Mitch Dobrowner S. 19

Schwarzweiß enthüllt eine unsichtbare Welt aus Texturen und Tonwerten.

Wenn man in Schwarzweiß fotografiert, werden Farben in Tonwerte übersetzt. Das betont die strukturellen Eigenschaften eines Motivs, seine Texturen. Anstelle der Sättigung erfordert der Kontrast Ihr Hauptaugenmerk. Entscheiden Sie sich für einen hohen Kontrast, um dramatische Bereiche aus Schwarzweiß herzustellen, oder eher für einen niedrigen Kontrast, so dass Sie weichere Grautöne erhalten?

Beleuchten, wie Sie es wollen

Für ihre Serie »Unseen Forest« verbrachte die britische Fotografin Tina Hillier eine Nacht allein in einem südafrikanischen Waldgebiet. Angespornt durch Angst oder Neugier machte sie gelegentlich ein Foto und hellte dabei das Dunkel durch ihren Blitz auf.

Der Blitz half Hillier, ihren Weg durch den Wald zu finden, obwohl seine Direktheit gleichzeitig desorientierend wirkte. Sein hartes, gerichtetes Licht hob Details heraus, dennoch bilden ihre Fotos keine Karte des Waldes. Stattdessen bleibt er mysteriös, verlockend und bedrohlich, genau wie Hilliers Beziehung zu dem fremdartigen Land, das sie besuchte.

Mit künstlichem Licht können Sie steuern, wie ein Ort aussehen soll.

Wenn wir einen Ort fotografieren, dann arbeiten wir oft mit natürlichem Licht, vor allem, wenn der Ort draußen liegt. Bringt man dagegen sein eigenes Licht an einen Ort mit, dann verwandelt man ihn in etwas anderes. Ob Sie mit einem einfachen Systemblitz oder einer großen, aufwendigen Lichtanlage arbeiten: künstliches Licht bedeutet, dass Sie einen Ort exakt so aussehen lassen können, wie es Ihnen gefällt.

Hillier verursacht mit ihrem künstlichen Licht Spannung zwischen dem Sichtbaren und dem Unsichtbaren. Irgendwo an dieser Grenze zwischen Hell und Dunkel übernimmt unsere Vorstellungskraft die Kontrolle.

Ohne Titel
aus der Serie »Unseen Forest«
Tina Hillier
2014

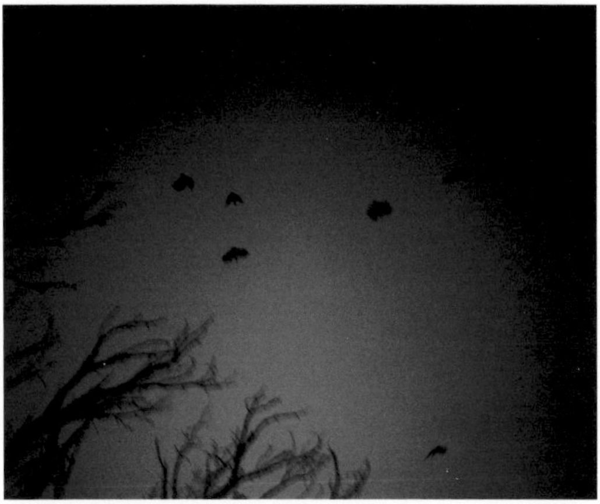

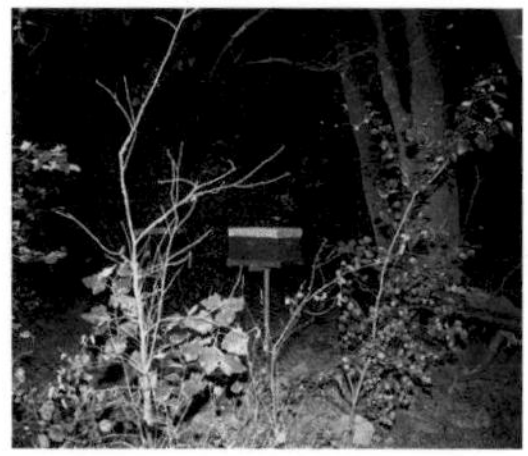

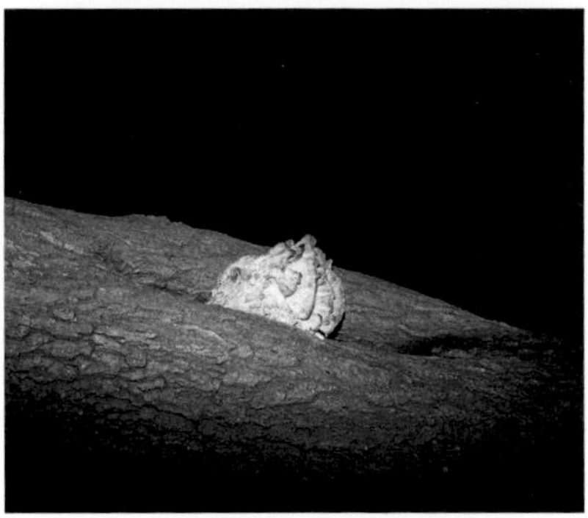

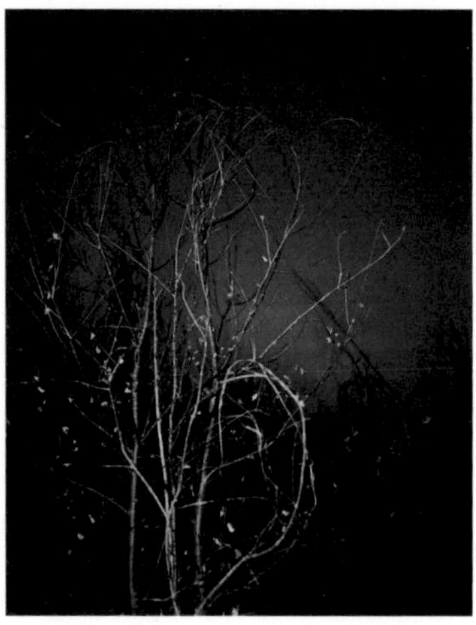

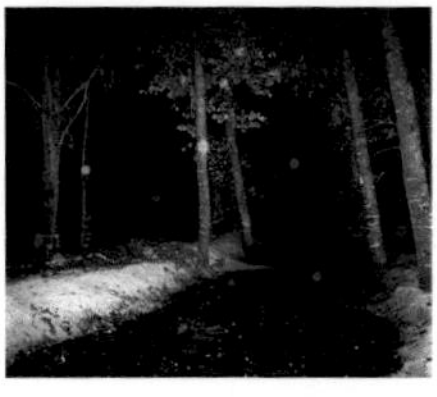

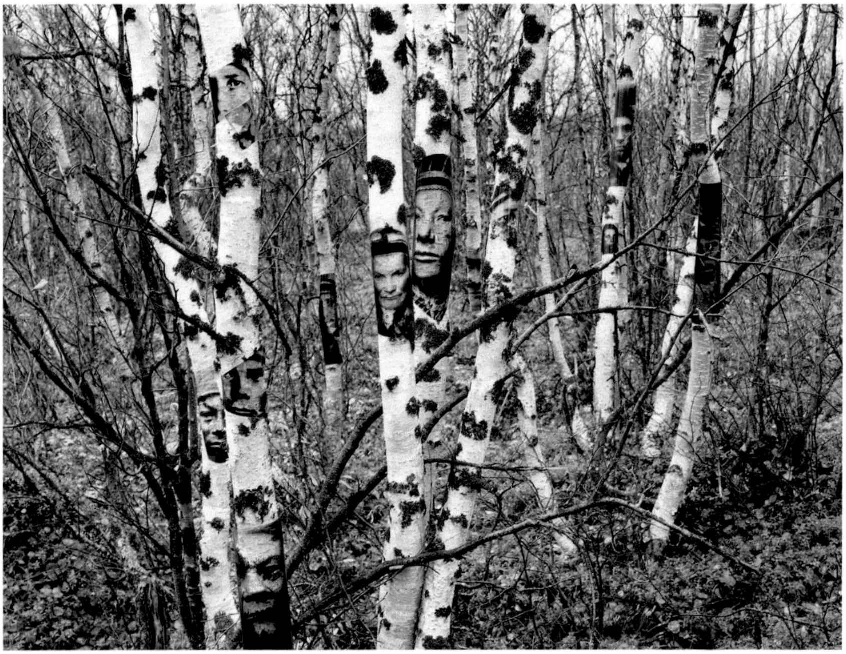

Imaginäre Heimkehr 5
Jorma Puranen
1991

Eins plus eins gleich drei

Hier ist ein weiterer Fotograf, der im Wald arbeitet. Als Jorma Puranen eine Sammlung historischer Porträts von Sami entdeckte, stellte er Kopien davon her und brachte die Bilder dann in die Wälder und Ebenen Nordskandinaviens. Diese »Imaginäre Heimkehr« erlaubt es den Sami metaphorisch gesehen, das Land ihrer Vorfahren wieder in Besitz zu nehmen.

Weitere Beispiele:
Lee Friedlander S. 27
William Henry Jackson S. 86
Charles Duke S. 118

In diesem Fall hat Puranen die Porträts auf Birkenstämme geklebt. Nachdem sie zuerst fast unsichtbar erscheinen, tauchen auf der gefleckten Birkenrinde bald schon Gesichter auf, die geistergleich die Wälder heimsuchen. Während immer mehr Gesichter erscheinen, überschneiden Vergangenheit und Gegenwart einander, und die Landschaft wird von der Historie überlagert. Plötzlich wispern Stimmen aus einer längst vergangenen Zeit durch die Bäume.

Wenn man Objekte in einer Umgebung platziert, treten verborgene Ebenen und Bedeutungen zutage.

Der Einsatz von Hilfsmitteln ist ein Fall von 1 + 1 = 3. Lassen Sie es mich erklären. In diesem Foto haben Sie skandinavische Birken, die für sich allein genommen lediglich demonstrieren, wie manche Bäume in Skandinavien aussehen. Dann haben Sie die Sami-Porträts, die uns für sich allein genommen nur zeigen, wie Menschen aus dem Volk der Sami ausgesehen haben.

Einzeln betrachtet, haben diese beiden Elemente ihre ganz eigenen Bedeutungen. Bringt man sie aber zusammen, geschieht etwas Aufregendes. Indem er diese Porträts in die Landschaft setzt, erschafft Puranen etwas, das mehr ist als die Summe seiner Teile.

Bilder über Bilder

Weitere Beispiele:
Joel Sternfeld S. 113
Joan Fontcuberta S. 114
Charles Duke S. 118

Thomas Ruff stellte seine Serie »Nacht« während des ersten Golfkrieges her, als die Fernsehnachrichten voller eigenartiger Militärbilder von gewalttätigen Operationen waren, die in fernen Ländern stattfanden.

Ruff griff die kulturellen Assoziationen dieses neuen Bildgenres auf und fotografierte seine Heimatstadt Düsseldorf mit einer Nachtsichtkamera. Betrachtet man diese grün verschwommene Darstellung, die so sehr an militärische Konflikte erinnert, bekommt diese freundliche, baumbestandene Straße alle möglichen soziopolitischen Bedeutungen aufgezwungen. Wir stellen unsere Beziehung zum Vertrauten in Frage. Der Krieg scheint auf verstörende Weise direkt vor unsere Haustür zu rücken.

Beim Schaffen von Bedeutungen geht es ebenso um die Technik wie um das Motiv.

Denken Sie an all die unterschiedlichen Arten von Bildern, die wir in den Nachrichten sehen, von einfachen Kamerahandy-Fotos, die von Passanten gemacht werden, über die Aufnahmen von Überwachungskameras bis hin zu Satellitenfotos. Diese Bilder besitzen ein sehr typisches Aussehen und sind im Gegensatz zu Fotos, die mit einer DSLR gemacht werden, oft von ziemlich schlechter Qualität. Sie sind eher funktional als schön und vermitteln gerade deshalb ein größeres Gefühl von Wahrheit oder Authentizität.

Wenn Sie auf die visuellen Eigenschaften dieser speziellen Bilderwelt zurückgreifen, zwingen Sie den Betrachter in eine Richtung komplexer kultureller Referenzen, die sein Verständnis Ihres Motivs oder Themas beeinflussen.

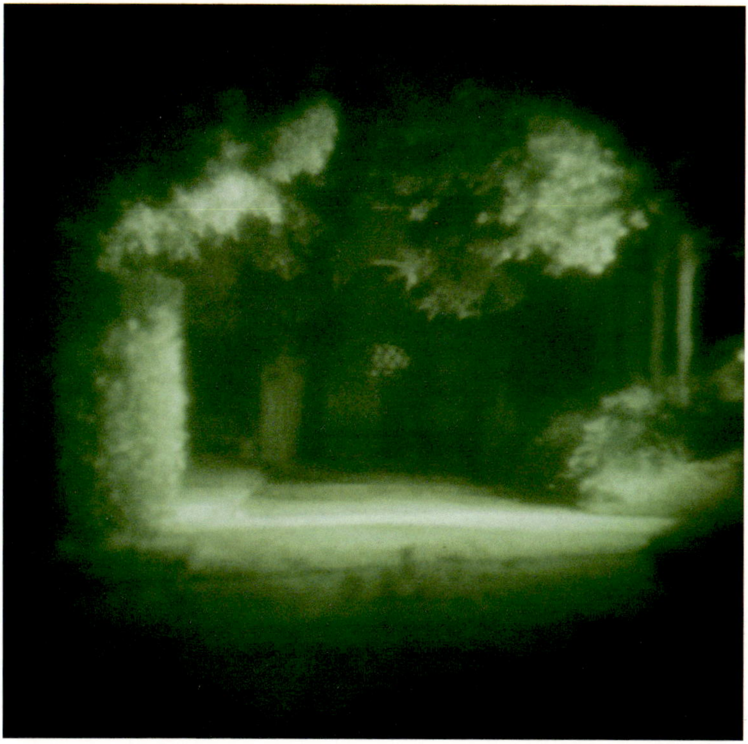

Nacht 12
Thomas Ruff
1992

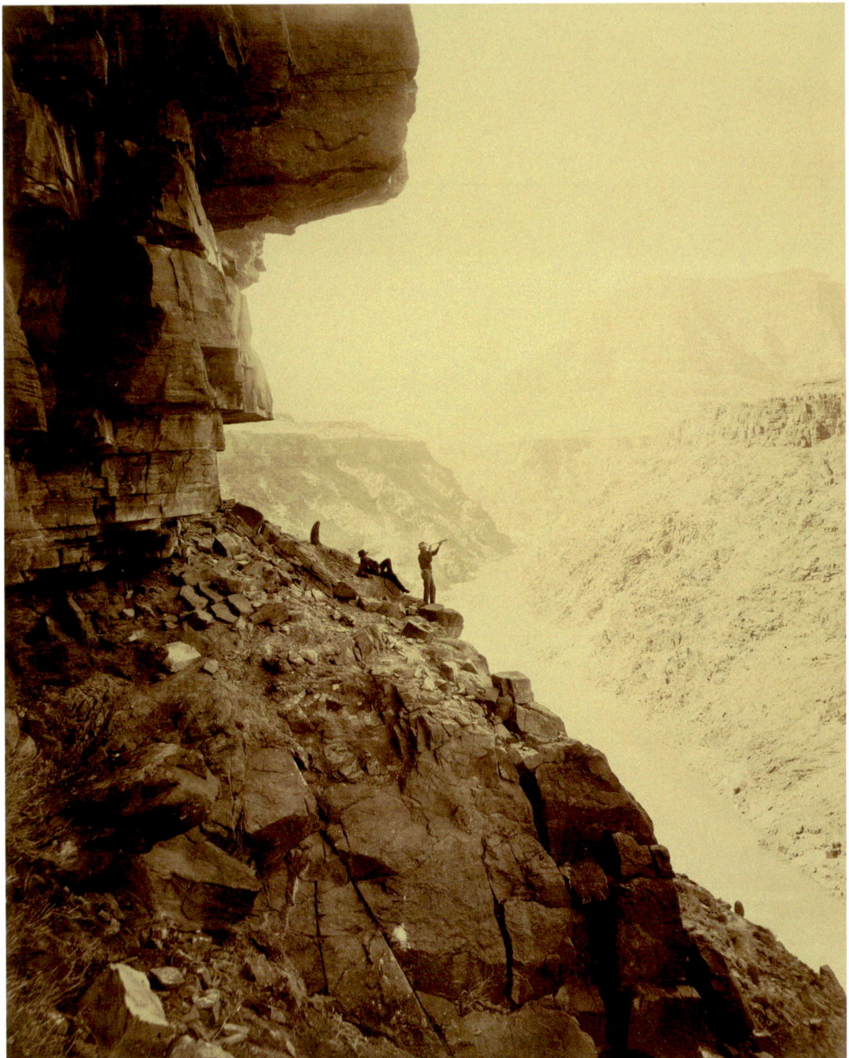

Grand Canyon des Colorado River

William Henry Jackson

1883

Der menschliche Touch

Ende des 19. Jahrhunderts war ein Großteil des amerikanischen Westens noch unerforschte Wildnis. Gefürchtet von den Menschen im Osten, wurde der Westen als ein Ort dürrer Wüsten, gefährlicher Canyons und wilder Eingeborener wahrgenommen, die einem nach dem Skalp trachteten.

William Henry Jackson wurde von der Regierung angeheuert, um geologische Erkundungen zu begleiten. Sein Auftrag war einfach: Fotografien anfertigen, um Menschen dazu zu bewegen, in den Westen zu ziehen. In diesem Bild liegt ein Mann entspannt da und genießt wie ein Tourist die Aussicht, während ein anderer wachsam durch ein Teleskop die Landschaft betrachtet. Gemeinsam repräsentieren diese beiden Figuren Freiheit und Chancen.

Wenn Sie Menschen in Ihre Komposition mit aufnehmen, ändern Sie grundlegend die Beziehung des Betrachters zum Ort.

Jackson benutzte oft Menschen in seinen Fotografien, um den Maßstab zu kommunizieren, aber das war nicht alles. Ihre Präsenz manipulierte darüber hinaus die Wahrnehmung seines Publikums von der Landschaft. Menschen sind politisch, man muss deshalb darüber nachdenken, was sie machen, wer sie sind und wie viel Raum sie im Bild einnehmen.

Diese beiden Menschen in Jacksons Komposition sind winzig, befinden sich aber genau in der Bildmitte. Wie das unauslöschliche Vermächtnis der Erschließung, das sie dem amerikanischen Westen aufgedrückt haben, sind diese beiden Vorboten der Veränderung unmöglich zu ignorieren.

Weitere Beispiele:
Harry Gruyaert S. 60
Brassaï S. 65
Martin Parr S. 99

Unsichtbare Wahrheiten

Matt Siber fotografiert hoch aufragende Hinweisschilder und entfernt dann mithilfe von Photoshop ihre Haltepfosten, so dass sie sich scheinbar der Erdanziehungskraft widersetzen. Abgehoben vom Erdboden und über der Landschaft schwebend, wirken diese Schilder wie Botschaften eines höheren Wesens, auch wenn ihre Ankündigungen von »SANDWICHES«, »IKEA«, »BP« und »JESUS« eher banal als mystisch sind.

Es gibt zwei Vorgehensweisen bei der digitalen Manipulation: »unsichtbar« und »sichtbar«.

Bei einer »unsichtbaren« Manipulation ist dem Betrachter nicht wirklich bewusst, dass das Bild verfälscht wurde. Es sieht echt aus, obwohl es keine wirklichkeitsgetreue Darstellung eines Ortes mehr ist. Diese Art der digitalen Manipulation trifft man im Allgemeinen in der Werbung, in redaktionellen und kommerziellen Bildern.

Wie viele Künstler jedoch verfolgt Siber einen »sichtbaren« Ansatz bei seiner digitalen Manipulation. Anstatt uns zu täuschen, benutzt er Photoshop als künstlerisches Werkzeug, mit dem er kommentiert, welche Spuren die Konsumkultur sowie politische und religiöse Botschaften in der Landschaft hinterlassen haben.

Digitale Manipulation ist nicht schlimm. Auch in der Dunkelkammer haben Fotografen ihre Bilder verändert. Seien Sie sich jedoch Ihrer Motivation bewusst und machen Sie sich klar, wo die Grenze zwischen Wahrheit und Lüge liegt.

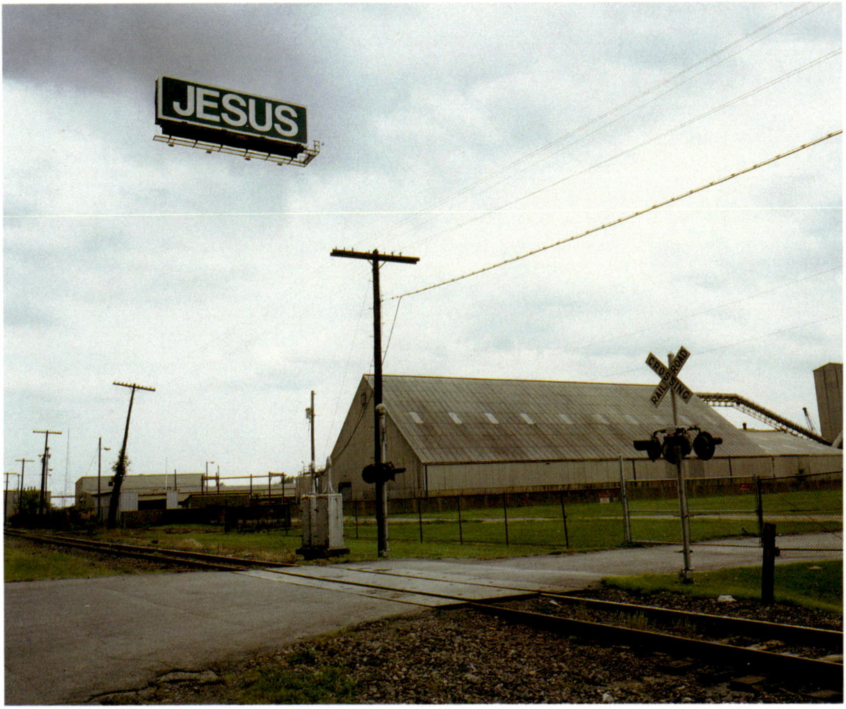

Jesus
Matt Siber
2004

Retuschieren

Photoshop bildet unter den vielen Programmen zum Bearbeiten von Fotos quasi den Industriestandard und ist bei weitem am leistungsfähigsten. Fotografen finden allerdings die wesentlichen Funktionen von Photoshop in dem deutlich benutzerfreundlicheren Programm Lightroom.

Photoshop vs. Lightroom

Photoshop richtet sich an Designer, Illustratoren und Fotografen. Falls Sie daher »nur« ein Fotograf sind, werden Sie die meisten seiner Funktionen gar nicht nutzen. Lightroom dagegen wurde nur für Fotografen geschaffen, das heißt, es besitzt nur solche Funktionen, die Sie wirklich brauchen.

Falls Sie aufwendige Bearbeitungen planen, etwa die Kombination unterschiedlicher Bilder oder das Entfernen großer Elemente aus einer Szene, verwenden Sie Photoshop. Es ist dabei viel besser.

Beide Programme eignen sich ideal für das Arbeiten an Einzelbildern, Lightroom jedoch ist besser bei der »Stapelverarbeitung«, das heißt, beim gleichzeitigen Import und Bearbeiten mehrerer Bilder.

Lightroom lässt nur nichtdestruktive Änderungen zu. Das ist gut. Mit Photoshop ändern manche Bearbeitungsschritte direkt Ihre ursprünglichen Bilddaten. Das ist schlecht, und zwar deshalb…

Nichtdestruktives Bearbeiten

Das ist die goldene Regel der Bildbearbeitung: Sie machen keine Änderungen, die sich nicht widerrufen lassen. Photoshop besitzt »Ebenen«, die Sie im Prinzip auf das Bild legen und notfalls löschen können. Lightroom dagegen »importiert« Bilder, anstatt sie einfach zu öffnen. Ihre Originaldatei bleibt also immer unberührt, Änderungen können jederzeit widerrufen werden, bevor Sie das bearbeitete Bild als eine andere Datei exportieren.

Was Sie in keinem der Programme tun sollten, ist, das Bild zu öffnen, Änderungen vorzunehmen, zu speichern und zu schließen. Wenn Sie das machen, gibt es kein Zurück!

Wesentliche Funktionen in Lightroom

Mit diesen Werkzeugen sollten Sie sich anfreunden, wenn Sie mit Bildverbesserungen beginnen. Denken Sie aber immer daran, dass Ihr Bild am Ende echt aussehen soll, nicht gekünstelt. Kleine Änderungen haben große Wirkungen. Auch in anderen Programmen wie Photoshop, Aperture und Capture One finden Sie diese Funktionen.

Grundeinstellungen

Wenn Sie ein Bild importieren, landen Sie zuerst im Bedienfeld »Grundeinstellungen«. Mit Hilfe der Regler können Sie schnell Änderungen an den grundlegenden Dingen vornehmen, wie Weißabgleich, Helligkeit, Kontrast und Sättigung. Manchmal ist gar nicht mehr nötig. Oft jedoch wollen Sie etwas mehr Kontrolle ausüben.

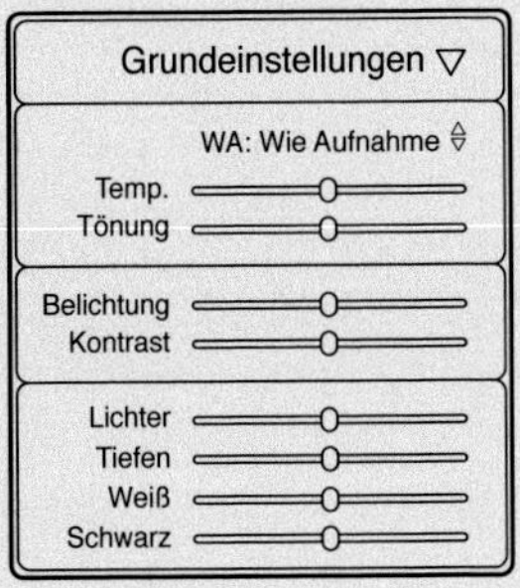

HSL (Farbton, Sättigung, Luminanz)

Dieses Bedienfeld bietet Ihnen sehr genaue Kontrolle über Farbton, Sättigung und Luminanz. Die Regler erlauben Ihnen Änderungen an den einzelnen Farbkanälen. Farbton beeinflusst die Färbung der jeweiligen Farbe, Sättigung die Intensität und Luminanz die Helligkeit. Arbeiten Sie mit einem Schwarzweißbild, agieren die Farbkanäle wie »Filter«, die die Tonwerte beeinflussen

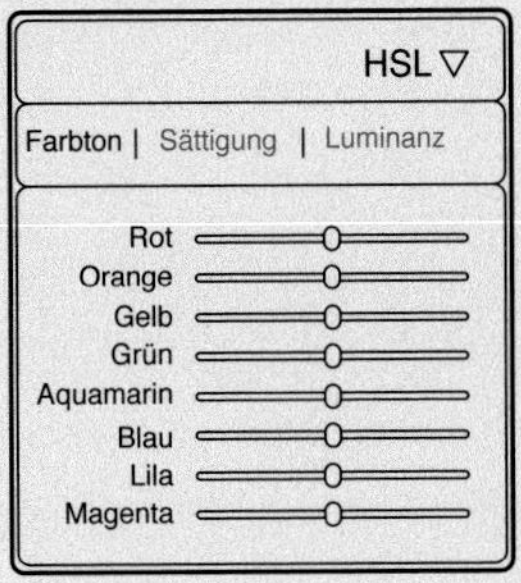

Gradationskurve

Mit der Gradationskurve können Sie präzise auf den Kontrast einwirken. Mit den Reglern können Sie die Lichter, Mitteltöne und Tiefen verändern. Die linke Seite der Kurve repräsentiert die Tiefen, die rechte die Lichter. Beobachten Sie beim Schieben der Regler, wie sich die Kurve ändert, und Sie werden bald verstehen, was passiert. (Die »Tonwertkorrektur« ist eine einfachere Alternative der Gradationskurve.)

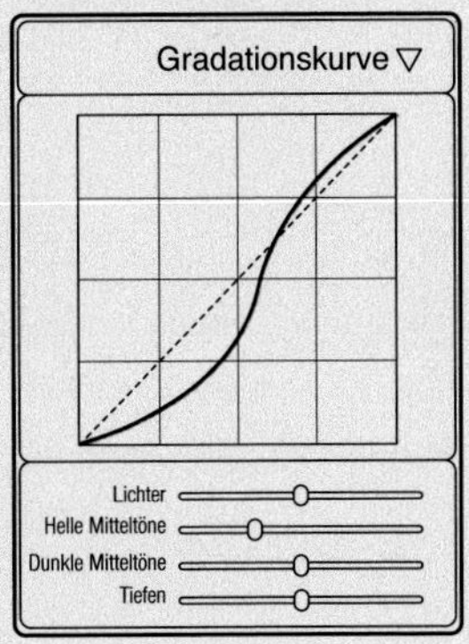

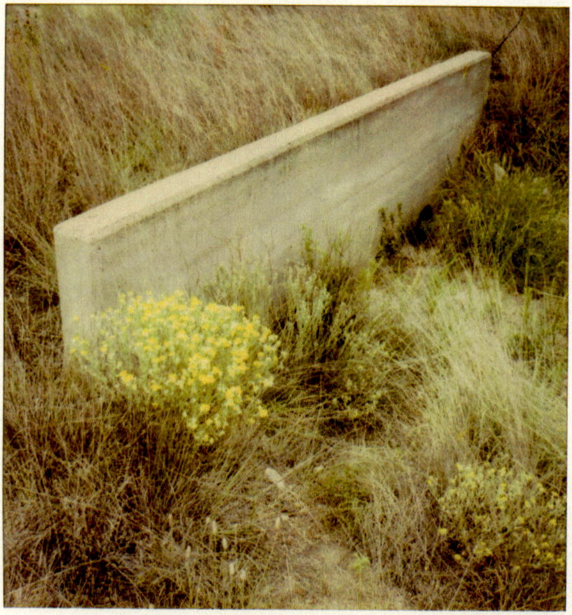

Ohne Titel
aus der Serie »Scorpio«
Mike Slack
2004

Finden Sie Ihren Ort

ORT

Jetzt wird es interessant – wir sind beim »was« des »was, wann und wie«-Trios. Herauszufinden, was für Orte man fotografieren sollte, könnte das Ergebnis einer persönlichen Verbindung sein, die Ihre Kreativität anregt. Vielleicht steckt aber auch eine Idee dahinter, die Sie visualisieren wollen.

Für Mike Slack war es dieser Betonblock auf einem verwilderten Ackerstück. Er sagte mir: »Ich machte das Bild in Marfa, Texas, auf dem Feld in der Nähe von Donald Judds *15 Untitled Works in Concrete*. Das Ding wird leicht übersehen, es gehört vermutlich zu einem defekten Drainage-System, aber durch seine Nähe zu Judds Monolithen wirkt es wie ein minimalistisches Kunstwerk.«

Seien Sie mutig und laufen Sie nicht immer dem Massengeschmack hinterher.

Ihr Ziel könnte darin bestehen, hübsche Bilder von berühmten Sehenswürdigkeiten zu machen. Ich schätze, daran ist nichts Verwerfliches zu finden. Allerdings sind diese Orte schon sehr vertraut und bieten wenig Überraschungen. Die Ergebnisse sehen fast immer ein bisschen gewöhnlich aus und wirken, als seien sie ein Ersatz für die eigentliche Sache. Und das entspricht auf keinem Fall dem, was großartige Fotografie ausmacht.

Mit seiner abstrakten Eigenwilligkeit bringt Slacks humorvolle Hommage an Judd uns dazu, eine kleine Ecke der Welt völlig anders anzusehen. Ob Ihre Bilder nun persönlich oder tiefgründig sind – genau danach sollten wir streben, wenn wir einen Ort fotografieren. Schauen wir uns deshalb in diesem letzten Kapitel Fotografen an, die eben dies geschafft haben.

Fototherapie

Weitere Beispiele:
Tina Hillier S. 81
William Henry Jackson S. 86
Charles Duke S. 118

Wenn es eine Sorte von Ort gibt, der kein Fotograf widerstehen kann, dann sind es erhabene Szenen aus der Wildnis. Ich garantiere Ihnen, dass selbst die abgebrühtesten Street-Fotografen irgendwo einen geheimen Stapel mit selbstgemachten Bildern mit Lieblingslandschaften besitzen.

Für viele von uns ist die schiere Größe der Landschaft ganz anders als das, was wir normalerweise erleben. Darüber hinaus stellt die Wildnis eine Art Gegenmittel zu unserem geschäftigen Leben dar. Aber das ist noch nicht alles. Die Fotografie erlaubt es uns, unsere Begegnung mit dem Erhabenen zu verarbeiten. Sie befriedigt unseren unwiderstehlichen Drang, etwas zu verstehen oder festzuhalten, das größer ist als wir selbst.

Das Fotografieren erhabener Szenen sollte eine Übung in Achtsamkeit sein.

Um großartige Fotos der Natur aufzunehmen, müssen Sie es schätzen lernen, allein in der Wildnis zu sein. Nur allzu oft erleben wir das Erhabene in Begleitung hunderter Fremder. Gehetzt, abgelenkt und um die richtige Position drängend, ist es kein Wunder, dass wir oberflächliche Schnappschüsse machen, ohne die Spiritualität eines Ortes einzufangen.

Ansel Adams verbrachte Tage in der Wildnis in Zwiesprache mit der Natur. Er nahm nicht viele Bilder auf, doch wenn er eines machte, hielt er seine tiefe Verbindung zur natürlichen Welt fest. Um die Aufnahme zu bekommen, müssen Sie sich im Prinzip von allem entfernen.

El Capitan, Merced River, Clouds, Yosemite National Park, Kalifornien
Ansel Adams
1948

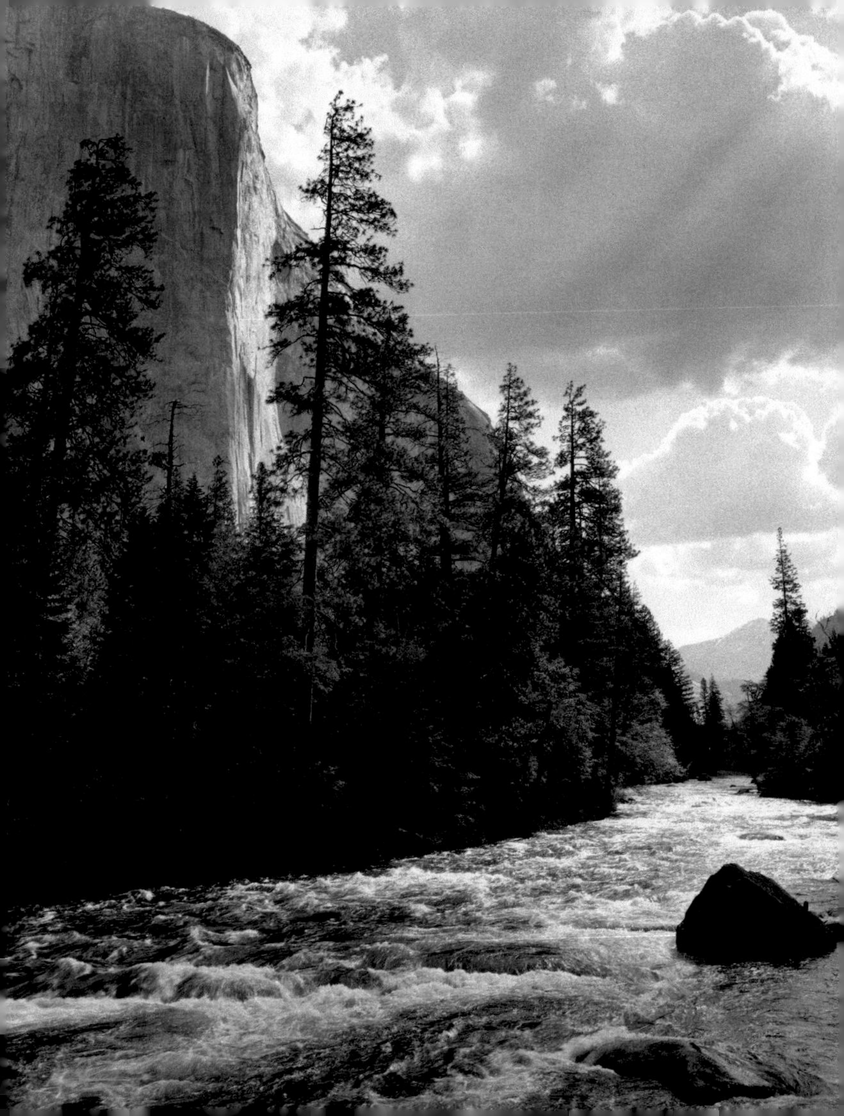

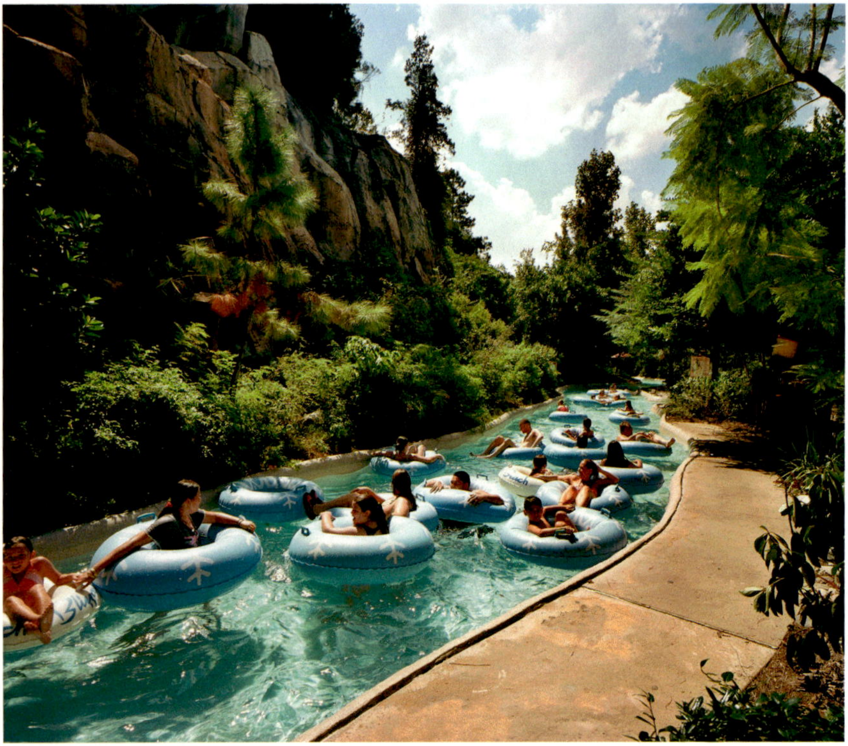

Wild River, Florida
aus der Serie »Fake Holidays«

Reiner Riedler

2005

Fälschen

Beim Herunterfahren der gechlorten »Stromschnellen« mit Glasfaserfelsen auf der einen Seite und einem Betonweg auf der anderen sind die Kinder das einzig Wilde an diesem Fluss.

Für seine Serie »Fake Holidays« fotografierte Reiner Riedler Vergnügungsparks auf der ganzen Welt, die versuchen, die erhabene Natur und andere ikonische Sehenswürdigkeiten zu imitieren. Für viele ist es wie die freie Natur, nur besser. Man trifft keine wilden Tiere und wenn das Wasser zu rau wird, schaltet der Kontrollraum es einfach ab.

Künstliche Orte konfrontieren uns tatsächlich mit der kalten, harten Realität.

Solche Orte mögen zwar erfunden sein, aber offenbar erfüllen sie ein modernes menschliches Bedürfnis. Sie zeigen uns, dass wir uns weniger nach Authentizität sehnen, als vielmehr nach Künstlichkeit. Sie zeigen uns, dass wir uns in menschengemachten Umgebungen wohler fühlen als in der Natur. Der arme Ansel würde sich in seinem Grab umdrehen.

Diese angefertigten Umgebungen bieten uns alles, was wir uns wünschen, aber nichts von dem, was wir brauchen. Jetzt halten Sie sich fest, denn auf der nächsten Seite werden wir sehen, was passiert, wenn uns tatsächlich das Echte begegnet...

Sagen Sie kitschig

Weitere Beispiele:
Massimo Vitali S. 20
Henry Carroll S. 74

Wir wissen alle, was sie machen. Wir haben es vielleicht alle selbst schon getan. Sie suchen diesen »wahnsinnig komischen« visuellen Trick, der sich nur durch den Akt der Fotografie erreichen lässt. Indem Martin Parr absichtlich ihre Versuche falsch ausrichtet, lässt er dieses Beispiel für Touristen-Tai-Chi noch lächerlicher aussehen als es ohnehin schon ist, und betont damit die oberflächliche Art, in der wir unsere »100 Orte, die man gesehen haben sollte« erleben.

Es sind die Touristen selbst, die Sehenswürdigkeiten besuchenswert machen.

Machen Sie nicht eine Sehenswürdigkeit zum Motiv Ihres Bildes, sondern benutzen Sie sie als Hintergrund und konzentrieren Sie sich auf alles andere, was um sie herum stattfindet. Dort finden Sie Ihre Bilder. Und hinter dem Humor entdecken Sie tiefergehende Fragen. Warum reisen wir? Was erwarten wir zu finden? Wann haben wir unsere Verbindung zu Geschichte und Natur verloren?

Sie haben beim ersten Anschauen von Parrs Foto vermutlich gelacht. Jetzt aber halten Sie es vielleicht sogar für etwas deprimierend.

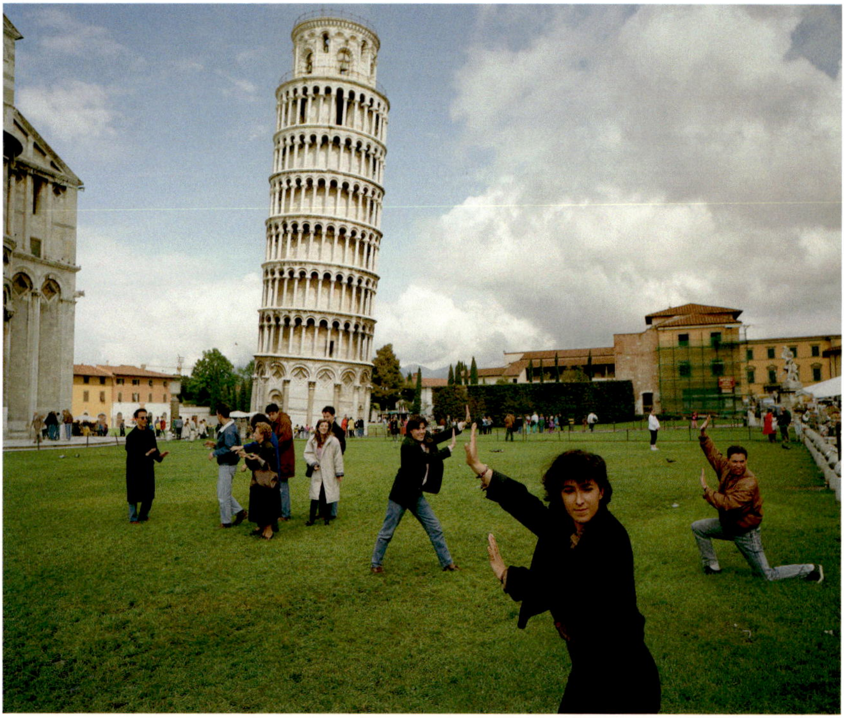

Der schiefe Turm von Pisa
Martin Parr
1990

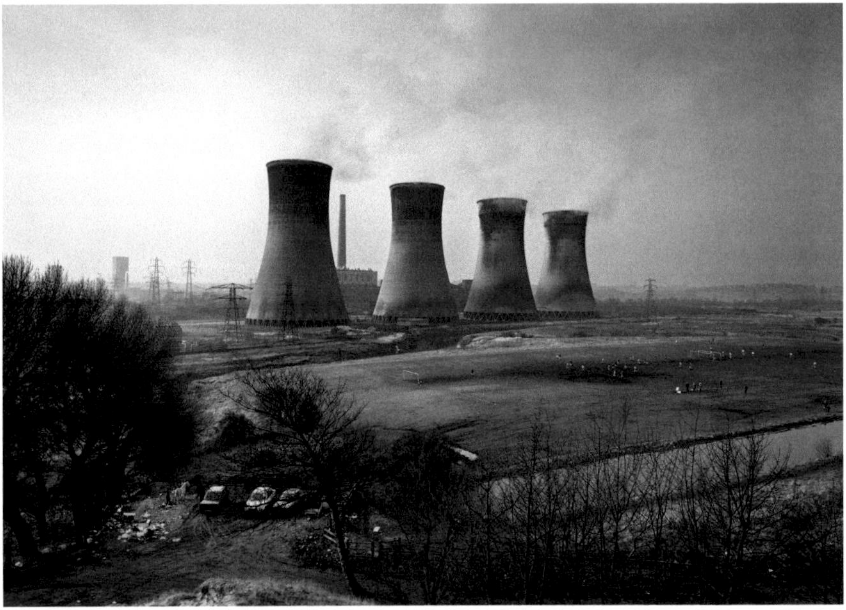

Agecroft Power Station, Salford
John Davies
1983

Negative Schönheit

ORT
Industriestandorte

Dies ist eine ausgebeutete Landschaft. Die Bäume sind leer, Pferde grasen zwischen Autos und Schutt, der Fußballplatz ist zu Schlamm zerwühlt und die vier Schlote spucken Qualm in einen trüben Himmel. John Davies zeigt uns England, doch es ist weit entfernt von den grünen und freundlichen Landen der guten alten Zeit.

Das soll aber nicht heißen, dass Davies' Foto ohne Schönheit sei. Es ist eine elegante Komposition, die jede Ecke des Bildes ausnutzt. Und diese Schlote muten irgendwie skulpturenhaft an. Sie haben eine monumentale Präsenz, die der von Stonehenge und dergleichen nahekommt.

Davies' Foto ist eine perfekte Kombination des »was, wann und wie«.

Was: Davies ist von einer Landschaft angezogen, die durch die Industrie zerstört wurde. *Wann*: Er fotografiert die Szene bei bedecktem Himmel im Winter. *Wie*: Er fotografiert Schwarzweiß und nutzt klassische kompositorische Techniken. Dies ergibt zusammen eine sehr präzise Darstellung der englischen Landschaft.

Fotografieren Sie nicht einfach nur das, was Sie sehen, wenn Sie es sehen. Warten Sie auf die passende Jahreszeit und die richtigen Bedingungen. Jeder Aspekt Ihrer Fotografie muss zum Ganzen beitragen.

Weitere Beispiele:

Mitch Epstein S. 16
Robert Adams S. 59
Bernd und Hilla Becher S. 111
Joel Sternfeld S. 113

Frische grüne Weiden

Weitere Beispiele:
John Hilliard S. 32
Harry Cory Wright S. 55

Die Kühe grasen in einem weitläufig geschwungenen Tal im wunderbaren Licht der Wintersonne. Hinter ihnen steht eine Trockenmauer aus Stein, dann kommt ein zerfurchter Hügel, über den sich ein Pfad windet. Im Gegensatz zum vorherigen Beispiel präsentiert Fay Godwin England als einen idyllischen Ort. Ein Ort, an dem Mensch und Natur eine respektvollere, harmonischere Beziehung zueinander pflegen.

Jedermanns Augen haben einen Plan.

Godwin betrachtet die britischen Inseln ganz anders als John Davies. In Godwins Britannien existieren das Alte und das Moderne Seite an Seite und die Landwirtschaft hat eine relativ gute Wirkung auf das Land, während Davies weniger romantisch veranlagt ist. In dem Land, das er sieht, wurde die ländliche Idylle der Industrie geopfert.

Keiner der beiden Fotografen hat die Wahrheit für sich gepachtet. Sie zeigen lediglich unterschiedliche Ecken desselben Landes durch ihre eigenen Augen, um uns zu demonstrieren, was es ihnen bedeutet. Niemand nimmt denselben Ort auf dieselbe Weise wahr wie ein anderer. Wenn Sie Ihr eigenes Land betrachten – was zeigen Ihnen Ihre Augen?

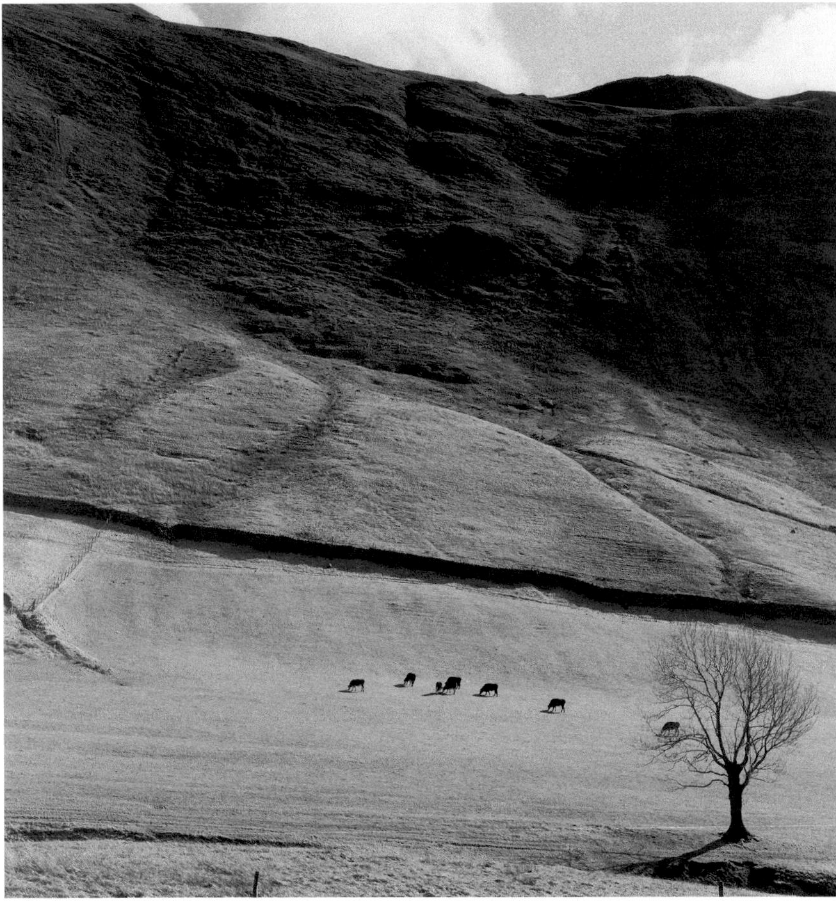

Boardale, Südlich von Ullswater, Cumbria

Fay Godwin

1982

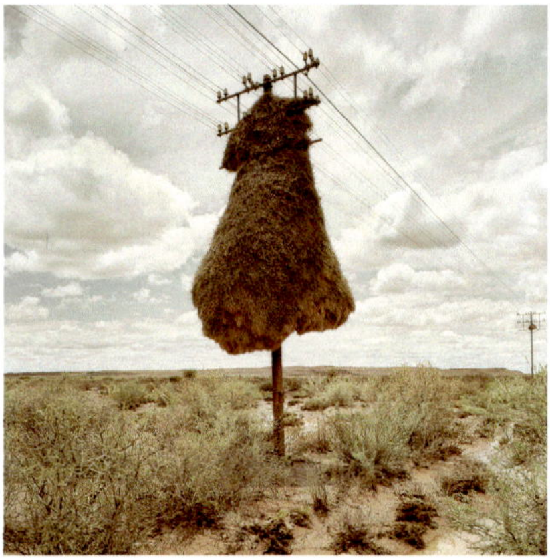
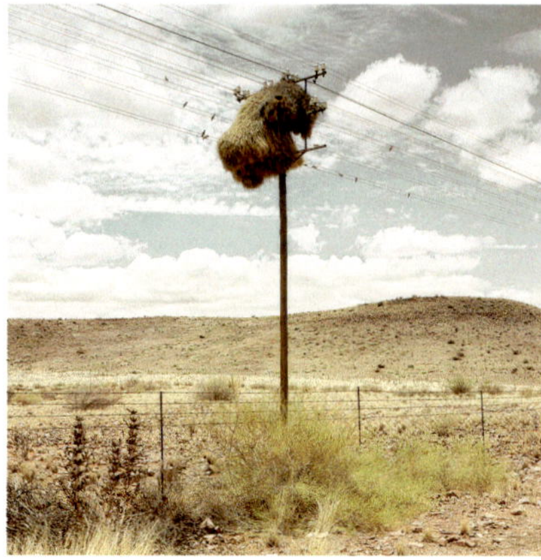
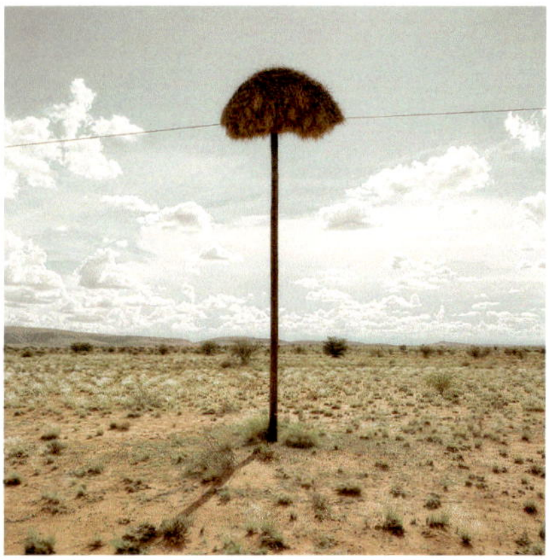
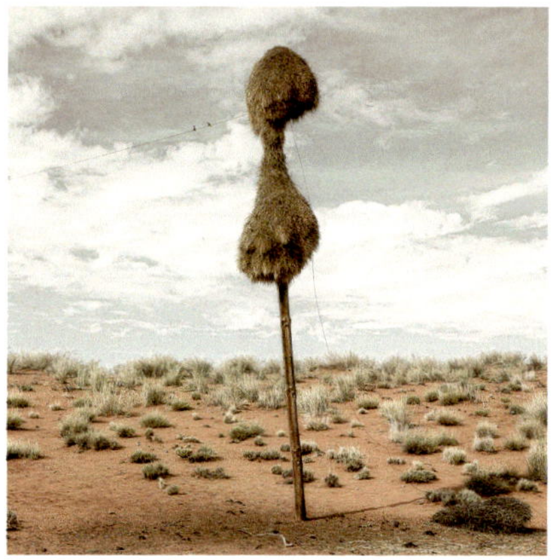
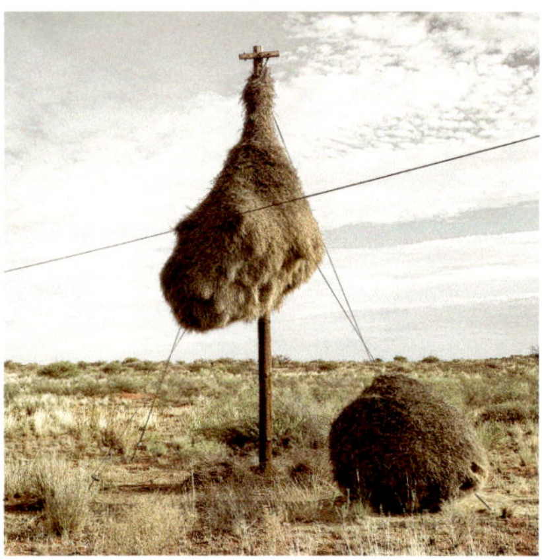
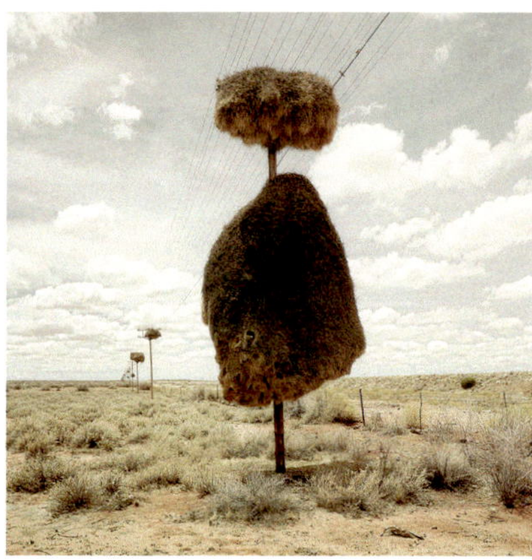

Natur gegen Mensch

Weitere Beispiele:
Philippe Chancel S. 56
Mike Slack S. 92

Dillon Marsh nennt seine Serie »Assimilation« und das ist ein Titel, den man so und so verstehen kann. Da ist zum einen der Mensch, der ein Netz aus Drähten über die Kalahari geworfen hat. Und dann sind da die Webervögel, die Material aus der Wüste benutzen, um sich wieder zurückzuholen, was rechtmäßig ihnen gehört.

Die sich ständig wiederholenden Masten, die bis zum Horizont und darüber hinaus die Landschaft durchschneiden, wurden einem neuen Zweck zugeführt: Sie dienen als Unterlage für die Nester, die fremdartig, fast schon außerweltlich aussehen. Unterschiedlich groß und verschieden geformt sind einige von ihnen sind so ausladend, dass sie fast schon komisch wirken.

Überlässt man sie sich selbst, holt sich die Natur alle menschengemachten Strukturen irgendwann wieder zurück.

Diese Verwandlungen bedeuten, dass die Strukturen, die ursprünglich für einen ganz bestimmten Zweck gedacht waren, jetzt unerwartet zu neuem Leben erwacht sind. Orte wie verlassene Gebäude, Eisenbahnen oder Vergnügungsparks, die einst die Natur unterdrückt haben, werden zu Zufluchtsorten für das Leben.

Und diese Formationen sind nicht nur faszinierend bizarr, sondern erzählen uns von einem ständigen Kreislauf. In diesem scheint die Natur genauso wenig Respekt für die Kreationen des Menschen zu haben wie dieser für die der Natur.

Assimilation
(Nester des Siedelwebers)
Dillon Marsh
2010

ORT
Nichtorte

Das vorstädtische Erhabene

Weitere Beispiele:
Kyler Zeleny S. 8
John Gossage S. 43
Matt Siber S. 89
Mike Slack S. 92
Ying Ang S. 117

Zuerst sieht es wie ein Berg aus, der sich aus einer Ebene erhebt. Der Eindruck wird aber gebrochen durch die Fahrspuren im Vordergrund, und das Monumentale wird auf etwas deutlich Bescheideneres reduziert.

Für ihre Serie »A Scape« fotografierte Steffi Klenz die Kiesgruben außerhalb Londons. Die Arbeiter, die sich um diese Formationen kümmern, machen sich keine Gedanken um die Ästhetik. Trotzdem zeigt uns Klenz, dass diese Orte – diese »Nichtorte« mit ihren sanft gewellten Spitzen und Farbnuancen – mit dem Bulldozer zu etwas überraschend Schönem zusammengeschoben wurden.

Manchmal sind die schönsten Motive »nirgendwo« zu finden.

Wir werden so oft auf »großartige« Fotografien hingewiesen – fahre zu diesem erhabenen Aussichtspunkt oder dieser berühmten Sehenswürdigkeit, dränge dich zwischen die Massen, stelle dich an die richtige Stelle und zack! hast du ein schönes Bildchen. Beim Aufnehmen großartiger Fotografien geht es aber nicht darum, dorthin zu gehen, wo jemand einen hinschickt. Es geht darum, eigene Entdeckungen zu machen.

Die faszinierendsten Orte zum Fotografieren sind nicht ausgeschildert. Es sind die Orte, die alle übersehen oder für unwichtig und langweilig halten. Ein guter Fotograf beweist, dass sie es nicht sind.

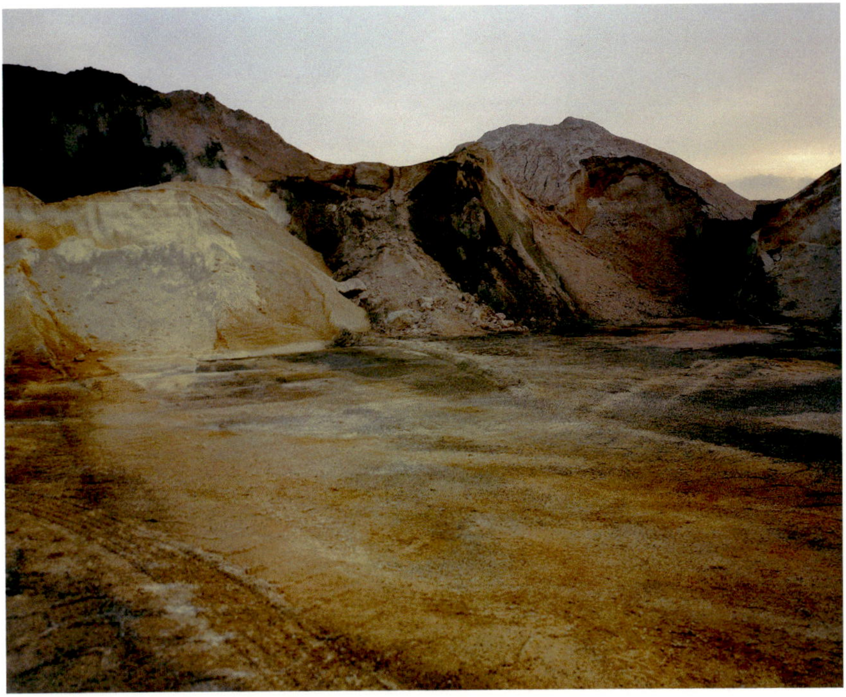

Pudding Mill Lane
aus der Serie »A Scape«
Steffi Klenz
2005

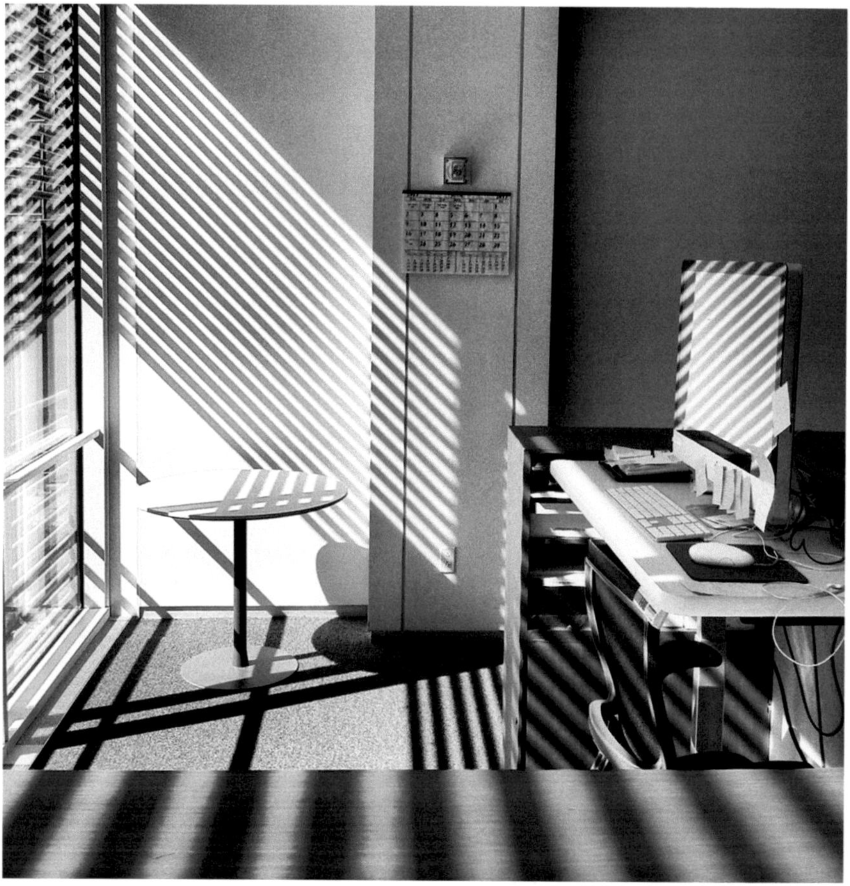

9:19 Uhr, 19. Juni 2013
aus der Serie »Office Romance«
Kathy Ryan

Ode an das Büro

Kathy Ryan hat sich an ihrem Arbeitsplatz verliebt – nicht in einen Kollegen, sondern in das Büro selbst. Während ihrer Arbeit im Gebäude der *New York Times* bemerkte Ryan, dass das sich ändernde Licht das Büro täglich in einen poetischeren Ort verwandelte. Mithilfe ihrer Handykamera begann sie, ihre Bilder zu Instagram zu schicken, und schon bald hatte ihr Feed @kathyryan1 Tausende von Followern.

In Ryans Bildern strömt Tageslicht durch die Fenster und fällt auf den Teppichboden, Stapel von Papier und die Büromöbel. Sie treibt die Idee des Fotografierens eines »Nichtortes« auf die Spitze und öffnet unsere Augen für die unerwartete Schönheit, die uns jeden Tag umgibt. Und dafür gibt es kein besseres Werkzeug als Ihre vertraute Handykamera.

Investieren Sie in Ihre Augen, nicht nur in Ihre Ausrüstung.

Natürlich sind das Objektiv und der Sensor einer Handykamera kein Vergleich zu einer DSLR. Doch selbst wenn Ihr Hauptaugenmerk auf der Bildqualität liegt, können Sie Ihr Handy wie ein Skizzenbuch behandeln und damit Ideen und Motive aufzeichnen, zu denen Sie später wieder zurückkehren.

Mir gefällt die Tatsache, dass Ryan nur ihr Handy benutzt. Dadurch sind ihre Bilder umso ehrlicher. Es gibt keine übermäßige Planung – sie reagiert einfach auf ihre alltägliche Umgebung, falls und wenn diese ihr etwas bietet, das festzuhalten sich lohnt.

ORT
Gleichwertige Orte

Stillstand

Weitere Beispiele:
Richard Misrach S. 52
Dillon Marsh S. 104

Wenn ich mir die fotografischen Raster des Ehepaares Bernd und Hilla Becher anschaue, wundere ich mich immer über die Realitäten in ihrer Beziehung. Ihre Bilder von Wassertürmen und anderen Industriestrukturen sind so kontrolliert, fast schon klinisch. Ist Bernd schon einmal ausgerastet, wenn sich beim Fotografieren das Licht geändert hat? Hat Hilla sich jemals über die Fahrweise ihres Mannes aufgeregt? Sie sind schließlich auch Menschen, weshalb schließen sie daher jeden Hauch von Emotion aus ihren Bildern aus?

Dieses maschinenartige Katalogisieren war ihr konzeptionelles Kabinettstück. Indem sie ihre Studien in einem Raster präsentieren und alles unverändert lassen – Komposition, Licht, Motivauswahl –, werden wir eingeladen zu vergleichen, worin sich ein Wasserturm vom anderen unterscheidet.

Gute Typologien zeigen Motive, die gleich, aber verschieden sind.

Eine »Typologie« ist eine Klassifizierung nach dem Typ. Das ist ein bisschen wie eine Unterteilung von Tieren in Arten. Diese Wassertürme dienen alle demselben Zweck, aber nie sind zwei gleich. Wir sind gezwungen, unser Interesse auf die Form zu richten, statt auf die Funktion.

Die Bechers demonstrieren, dass die Fotografie mit ihrer angeblichen Neutralität der Aufzeichnung sich hervorragend zum Schaffen von Typologien eignet. Es geht um Konsistenz. Format, Komposition und Licht müssen gleich sein.
Die Aufmerksamkeit des Betrachters wird dann auf die Diskrepanzen zwischen den Motiven gezogen, statt auf die Art und Weise, wie Sie sie fotografiert haben.

Wassertürme
Bernd und Hilla Becher
1967–80, gedruckt 1980

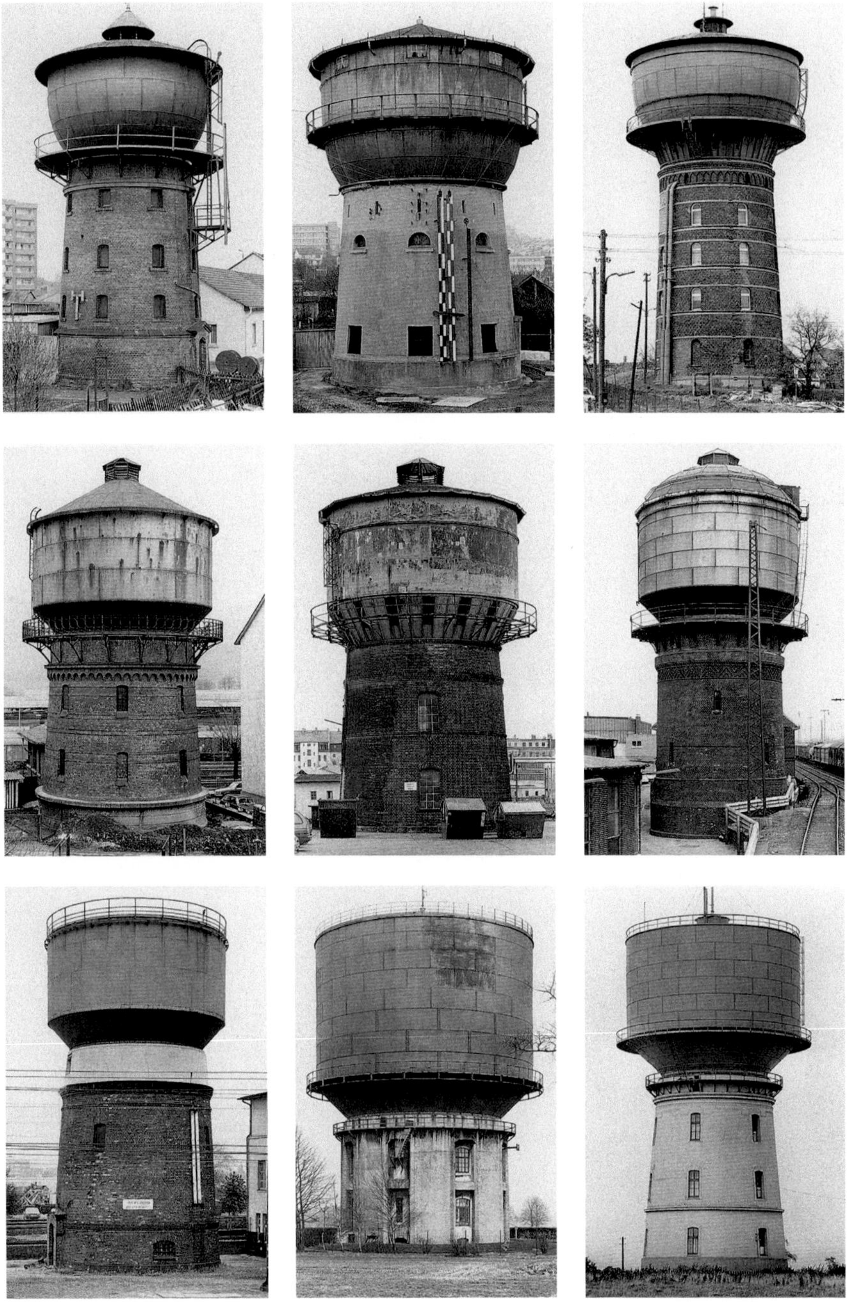

Besser spät als nie

Weitere Beispiele:
Mitch Epstein S. 16
Stephen Tourlentes S. 24
John Davies S. 100

Was macht Joel Sternfeld hier? Dieses Foto sieht unglaublich leer aus. Niemand ist zu sehen und die Straße ist verlassen. Nur unter den Bäumen parken einige Autos. Und die Komposition. Es gibt hier einfach ein bisschen zu viel Vordergrund. Fast scheint es, als sollten wir hier über ein Motiv nachdenken, das entfernt worden ist.

Das ist genau Sternfelds Plan, denn das Motiv wurde entfernt – nicht durch irgendwelche Computertricksereien, sondern durch die Zeit. Lesen Sie den Begleittext. Das Foto gewinnt ganz plötzlich an Bedeutung. Dieser unbefestigte Fleck fordert uns auf, den Zustand einer Nation zu erwägen. Zu fragen, ob sich zwei Jahrzehnte später irgendetwas in Bezug auf die Beziehungen der Rassen in den Vereinigten Staaten von Amerika geändert hat.

Bei der Fotografie führt Feinsinn zu Bedeutung.

Das bewusst unauffällige Wesen von Sternfelds Bild und der sachliche Ton des Begleittextes machen diese Arbeit so mächtig. Es ist keine Spur eines persönlichen fotografischen Stils zu sehen, was – so schätze ich sein Stil *ist*.

Um ein unverwechselbarer Fotograf zu sein, muss man Bilder machen können, die sich von der Masse abheben. Dazu sind keine auffälligen Techniken und Prozesse nötig. Stattdessen müssen Sie alles dem Motiv unterordnen. Wenn Sie wollen, dass ein Ort gehört wird, müssen Sie, der Fotograf, still sein und dem Ort Platz einräumen, um seine Geschichte zu erzählen.

Gegenüber von 11777 Foothill Boulevard, Lake View Terrace, Los Angeles, Kalifornien, November 1993
aus der Serie »On This Site: Landscape in Memoriam«
Joel Sternfeld

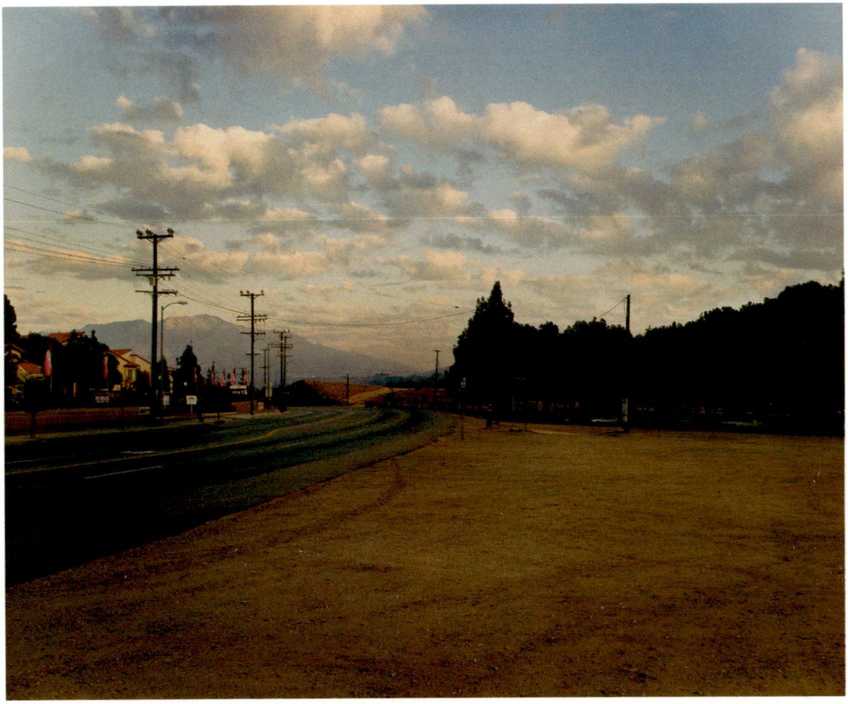

Gegenüber von 11777 Foothill Boulevard, Los Angeles, Kalifornien, November 1993

Rodney King, ein schwarzer Autofahrer, wurde in den frühen Morgenstunden des 3. März 1991 von vier weißen Polizisten aus Los Angeles zusammengeschlagen. King wurde nach einer Verfolgungsfahrt von acht Meilen angehalten; er war betrunken und widersetzte sich der Verhaftung. Etwa 20 Polizisten schauten zu, wie er mit brutaler Gewalt festgehalten wurde. George Holliday, einer der vielen Anwohner, die den Vorfall beobachteten, zeichnete mit seinem neuen Camcorder sieben Minuten lang auf, wie King verprügelt wurde.

Zu Kings Verletzungen zählten 11 Schädelbrüche, eine zertrümmerte Augenhöhle, ein gebrochenes Bein und ein Nervenschaden, der sein Gesicht teilweise lähmte. Sergeant Stacey Koon, einer der vier Polizisten, die angeklagt wurden, unnötige Gewalt eingesetzt zu haben, schrieb in seinem Bericht, dass Kings Verletzungen »geringfügiger Natur« seien.

Die vier Polizisten wurden von einer weißen Jury von allen Anklagen freigesprochen.

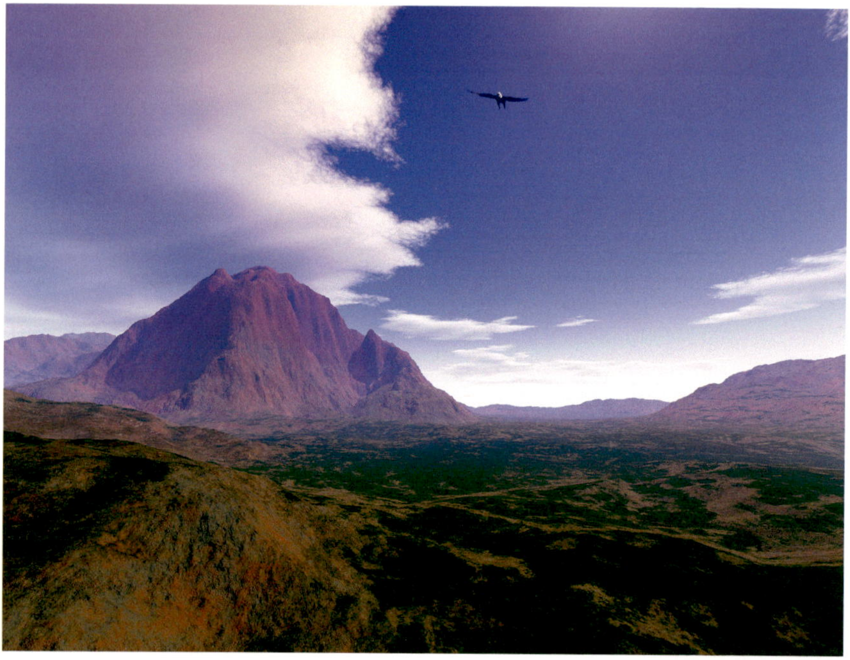

Bodyscape: Tongue
aus der Serie »Orogenesis«
Joan Fontcuberta
2003

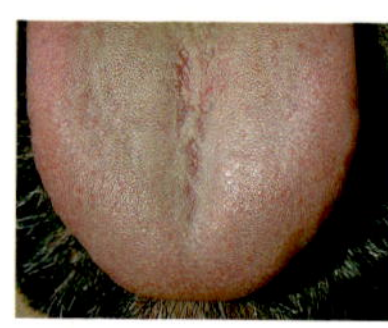

Ironisch gemeint

Willkommen im Inneren von Joan Fontcubertas Mund. Oder genauer gesagt, seiner Zunge. Wer hätte gedacht, dass dies ein Ort sei, wo Adler über den blauen Himmel schweben und Berge sich aus unendlichen Weiten roter Erde erheben?

Das ist natürlich nicht Fontcubertas Zunge. Es ist eine virtuelle Darstellung davon, die eine 3D-Software liefert, deren Aufgabe darin besteht, Karten zu interpretieren. Fontcuberta hat auch historische Landschaftsmalereien verarbeitet und die Ergebnisse sind gleichermaßen seltsam. Diese klischeehaften, selbstgemachten Landschaften haben keinen Bezug zum Originalbild mehr. Ich frage mich, wessen idealisierte Ansicht der wirklichen Welt in diese Software eingeflossen ist und aus welcher Bibliothek an kulturellen Referenzen die Programmierer geschöpft haben?!

Selbst ein fiktiver Ort muss seine Referenzpunkte aus der Realität ziehen.

Viele Fotografen stellen ihre eigenen Landschaften her. Manche bauen echte Modelle und fotografieren sie, wie Kim Keever, James Casebere und Thomas Demand. Andere benutzen Computersoftware, wie Fontcuberta. Das Faszinierende an diesen fiktiven Orten ist jedoch, dass sie niemals komplett erfunden sind. Von irgendetwas Echtem müssen sie schließlich ihre Referenzpunkte ziehen.

Falls Sie einen Ort von Grund auf neu schaffen würden, an welchen Teilen der Erde würden Sie sich bedienen?

Zuhause ist es am schönsten

Weitere Beispiele:
Rinko Kawauchi S. 44
Kikuji Kawada S. 47

An Australiens Goldküste ist nicht alles so, wie es scheint. Verborgen unter dem Glanz dieser boomenden Stadt am Meer liegt eine Schattenseite, die sich unter dem inoffiziellen Motto zusammenfassen lässt: »Ein sonniger Platz für finstere Typen«.

Als Ying Ang an den Ort ihrer Kindheit zurückkehrte, fotografierte sie die Stadt in einem offensichtlichen Zustand des Stillstands. In dieser Szene passiert nichts. Der Wasserball liegt da wie ein aufgeblähtes Symbol der Unerfülltheit. In anderen Bildern werden uns die perfekt eingerichteten, aber dennoch leblosen Räume von millionenteuren Villen sowie Vorstadtszenen gezeigt, in denen einige, wenige Bewohner nichts Besonderes machen.

Kehrt man an Orte aus seiner Vergangenheit zurück, können alle möglichen Ideen und Emotionen zutage treten.

In der Einleitung zu diesem Buch erwähnte ich, dass Sie Orte finden sollten, die Ihre Gefühle aufrütteln. Nun, das geschieht nirgendwo so gut wie an Orten aus Ihrer Vergangenheit. Der Akt des Weggehens und Wiederkehrens versetzt Sie in eine einzigartige Position. Sie sind jemand, der subjektiv und objektiv sein kann. Ein Eingeweihter und ein Außenseiter. Dies erlaubt es Ihnen, einen Ort zu sehen wie niemand sonst. Es erlaubt es Ihnen, Wahrheiten aufzudecken, für die jeder andere blind ist.

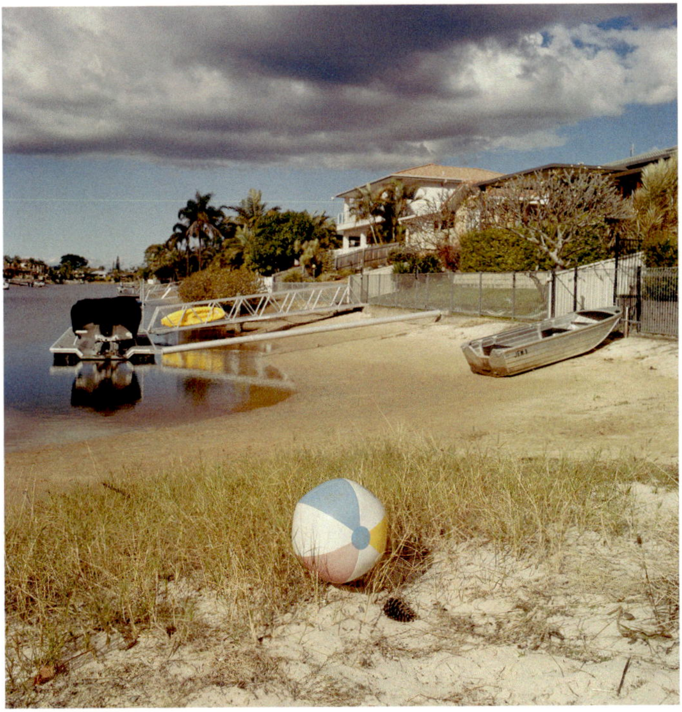

Rio Vista Boulevard
aus der Serie »Gold Coast«
Ying Ang
2011

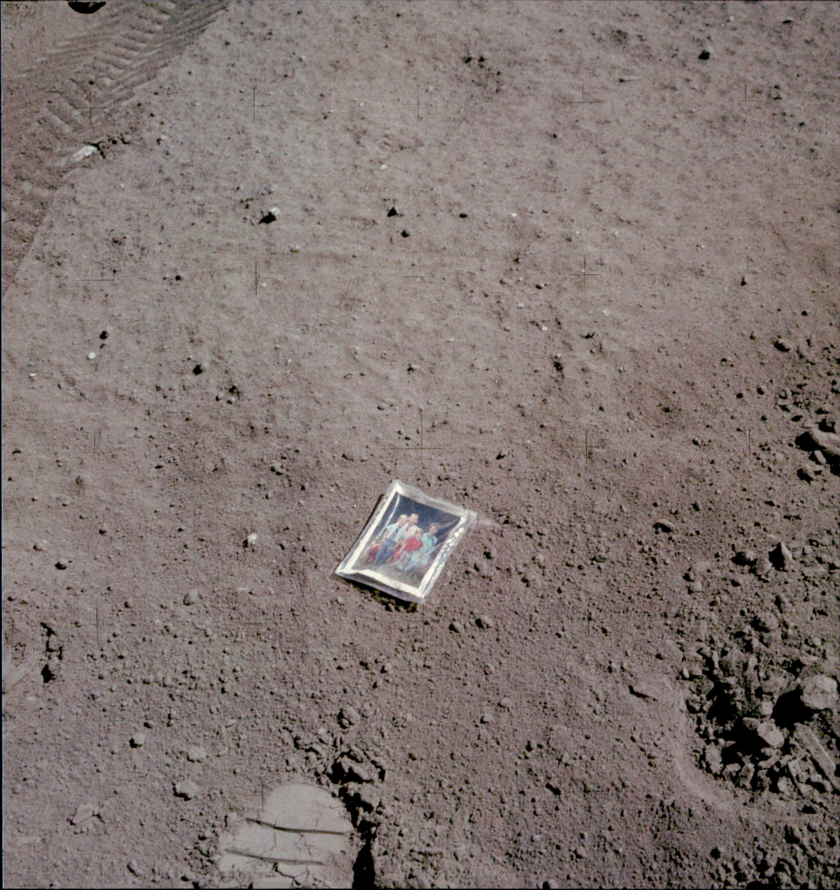

Ohne Titel

Charles Duke

1972

Es ist einsam draußen im All

ORT
Ihre Orte

Zwischen dem Sammeln von Steinproben und dem Durchführen von Experimenten mit der Schwerkraft fand der Astronaut Charles Duke auf dem Mond noch ein stilles Eckchen, zog ein Familienfoto aus seinem Raumanzug und fotografierte es im Mondstaub.

Sein Foto ist nicht perfekt. Es wirkt, als sei es in Eile aufgenommen worden und der Fokus stimmt nicht ganz. Doch von allen Bildern, die auf dem Mond aufgenommen wurden, wozu grandiose Aufnahmen der aufgehenden Erde und von kraterübersäten Landschaften gehören, ist dies für mich das erhellendste Foto. Erhellend, weil es ein Foto des Mondes ist, der durch die Augen eines Einzelnen gesehen wird. Es sagt etwas aus über Dukes Gefühl von Abstand von allem, was er kennt und liebt. Es ist das Ergebnis von jemandem, der auf eine überwältigende Bewusstheit für einen Ort reagiert.

Die Welt durch Ihre Augen zeigen. Darum geht es letztendlich. Manche Leute mögen vielleicht nicht, was Sie sehen oder wie Sie es sehen. Das ist eigentlich egal, solange Sie die Orte finden, die Ihnen etwas bedeuten, und diese Verbindung durch Ihre Fotos vermitteln. Dieses Buch und die anderen aus dieser Serie haben Ihnen hoffentlich dabei geholfen. Denken Sie einfach immer daran:

Egal, wie weit Sie reisen, egal, wie fremdartig Ihnen Ihre neue Umgebung ist, es gibt eine Sache, die Sie nie zurücklassen können – Sie selbst.

Weitere Beispiele:
Lee Friedlander S. 27
Robert Adams S. 59
Alec Soth S. 63
Richard Mosse S. 77
Tina Hillier S. 81
Ansel Adams S. 95
Martin Parr S. 99

Rechtliche Aspekte

Als Fotograf sollte man immer seine Rechte kennen, ich bat deshalb Owen O'Rorke, einen Spezialisten für Medien- und Urheberrecht, uns über die rechtlichen Aspekte beim Fotografieren von Orten aufzuklären.

Welche allgemeinen rechtlichen Überlegungen muss man beim Fotografieren von Gebäuden und Orten anstellen?

Ganz allgemein gilt: Je mehr von Menschen hergestellte Objekte sich in einer Szene befinden, umso mehr Rechte müssen wahrscheinlich beachtet werden. Das Fotografieren von Objekten, die an öffentlichen Orten ausgestellt werden (darunter auch permanente Strukturen und Skulpturen) ist aber üblicherweise erlaubt – selbst in Ländern, die Gebäude als schützenswerte Kunstwerke ansehen (wie die USA seit 1990).

Probleme gibt es, wenn geschützte Werke oder Personen versehentlich in einer Aufnahme auftauchen: Ist das Bild an der Wand egal für das Foto oder ist es Teil des Motivs? Besitzt eine Person, die in einer Szene erkennbar ist, Rechte, die Ihre Nutzung des Bildes einschränken? Oder was ist, wenn eine Szene arrangiert wurde – gehören die Rechte dem Fotografen oder dem Arrangeur? Der öffentliche Bereich ist im Allgemeinen eine freie Leinwand, aber es können sich rechtliche Risiken dort verbergen.

Wann sollte ich mir eine unterschriebene »Ortsfreigabe« beschaffen?

Abgesehen von Ausnahmefällen geht es bei einer Ortsfreigabe nicht um das Recht, Fotos eines Ortes aufzunehmen, sondern um das Recht, einen Ort mit Ihrer Ausrüstung zu betreten und dort zu arbeiten.

Wenn Sie ein privates Grundstück ohne Zustimmung betreten, um näher an ein Motiv zu gelangen oder eine bestimmte Stelle einzunehmen, gilt das als Hausfriedensbruch. Denken Sie daran, dass Grundstückseigentümer manchmal ein Entgelt erwarten.

Unterliegt das Gebiet, wo Sie fotografieren wollen, jedoch Sicherheitsmaßnahmen, sollten Sie Papiere dabei haben, die bestätigen, dass Sie das Recht haben, dort zu sein. Es gibt auch öffentliche Orte, wo das Fotografieren für kommerzielle Zwecke irgendeiner Art von Erlaubnis bedarf: z. B. bestimmte US-amerikanische Nationalparks, teilweise in Zoos oder falls Sie in einem Stadtzentrum Ausrüstung aufbauen wollen, die das öffentliche Leben behindert. Das Fotografieren bestimmter Motive kann unerwünschte Aufmerksamkeit von Behörden oder privaten Sicherheitsdiensten erregen: Flughäfen, Regierungsgebäude, selbst das Innere von Clubs oder Restaurants. Egal, ob der Ort dem Staat oder einer Privatperson gehört – die Eigentümer können (zumindest zu einem gewissen Grad) selbst regeln, was erlaubt ist.

Welche Rolle spielt der geplante Zweck meines Bildes?

Sie können Ihre Arbeit normalerweise auch ohne unterschriebene Ortsfreigabe kommerziell verwerten. Ausgenommen sind Situationen, in denen die Aufnahme entweder ein geschütztes Kunstwerk einer anderen Person oder Informationen über sie (wie etwa ein erkennbares Gesicht) enthält, die einen Bruch der Privatsphäre oder des Vertrauens bedeuten. Ausnahmen können wiederum für journalistische Zwecke gemacht werden, wie eine Kunstkritik oder eine Recherche im öffentlichen Interesse.

Besteht die Absicht, ein Bild für Marketing oder Werbung zu verkaufen, kann dies zusätzliche Fragen aufwerfen. Überlegen Sie daher, ob eine bestimmte Ansicht, ein Ort oder ein Gebäude eine Verbindung mit einer Rechtseinheit hat (also einer Person, einem Unternehmen oder einer staatlichen Einrichtung), die behaupten könnte, dass Ihre Benutzung des Bildes eine Assoziation impliziert.

Muss ich mich um Rechte kümmern, wenn Personen in der Szene zu sehen sind?

Je mehr von einer Person erkennbar und Teil des Bildes ist, umso größer ist das Risiko – wobei die wahren rechtlichen Risiken vor allem mit offensichtlichen kommerziellen Benutzungen eines Bildes verbunden sind.

Tauchen Bürger einfach so in einer Aufnahme auf und befinden sich an einem öffentlichen Ort, ist es unpraktisch, sich um eine Freigabe zu bemühen, und vermutlich wird es auch nicht zu Beschwerden kommen. (Wenn Gesichter im Hintergrund einer Aufnahme verpixelt sind, z. B. bei Google Street View oder in den Nachrichten, gibt es mit hoher Wahrscheinlichkeit einen kontextbezogenen Grund: Datenschutz, Schutz der Privatsphäre oder redaktionelle Richtlinien in Bezug auf Kinder.)

Falls Sie das Bild veröffentlichen wollen, Sie es aber nicht beschneiden oder digital verändern wollen, um die Person zu entfernen oder zu anonymisieren, müssen Sie eine für den Anwendungszweck passende Freigabe einholen. Vorsicht und Höflichkeit ersparen Ihnen spätere Beschwerden.

Kann jemand mich daran hindern, von einer öffentlichen Straßen aus sein Eigentum zu fotografieren?

Im Allgemeinen haben Sie das Recht, *von* einem öffentlichen Ort aus zu fotografieren. Sie müssen aber darauf achten, niemanden zu belästigen oder die Privatsphäre zu verletzen, falls Ihre Aktionen das private Leben von Leuten berühren (vor allem, wenn Sie ein langes Objektiv benutzen). Bitte beachten Sie aber auch, dass die Rechtssprechung von Land zu Land abweichen kann.

Falls Ihr Foto jedoch für den Einsatz in der Werbung gedacht ist, gibt es anderes zu bedenken: In Großbritannien besagt z. B. der relevante Werbecodex, dass eine schriftliche Erlaubnis eingeholt werden sollte, bevor Bürger oder ihre erkennbaren Besitztümer porträtiert werden. In diese Kategorie fallen etwa ihre Häuser oder Autokennzeichen.

Ich habe gehört, dass manche Gebäude eingetragene Marken sind…

Anders als Urheberrechte und Geschmacksmuster, die künstlerische oder industrielle Werke schützen, schützen Markenzeichen kommerzielle Verwertungsrechte. Das kann das Recht sein, ein bestimmtes »Markenzeichen« auf ein T-Shirt oder einen Schlüsselring zu drucken. Symbolträchtige Gebäude besitzen manchmal Markenschutz – so kann z. B. eine besonders typische grafische Darstellung eines Gebäudeumrisses geschützt sein. (Die Skyline von New York kommt da in den Sinn.) Das hält jedoch im Allgemeinen niemand davon ab, eigene Bilder von diesen Gebäuden zu machen und zu verwerten. Entscheidend ist, ob das Bild einem registrierten Markenzeichen zum Verwechseln ähnelt und ob es im Zusammenhang mit bestimmten Waren benutzt wurde. Das hängt immer vom Kontext ab, man muss es also recherchieren.

Besitzen Gebäude Urheberrechtsschutz?

Urheber- und andere geistige Eigentumsrechte, die auf Gebäuden ruhen können, sollen vor allem den Architekten davor schützen, dass seine Entwürfe kopiert werden. Sie verhindern nicht unbedingt, dass das Bild eines öffentlichen Gebäudes fotografiert oder gemalt wird. Falls sie es tun, gibt es sicher irgendeine Art von Ausnahme für eine »angemessene Verwendung«.

In Großbritannien wird dies z. B. in Paragraph 62 des Copyright, Designs and Patents Act von 1988 geregelt. Die gleiche Ausnahme gilt für das Fotografieren von *»Skulpturen, Modellen von Gebäuden und Werken des Kunsthandwerks, wenn diese sich dauerhaft an einem öffentlichen Ort oder in öffentlich zugänglichen Räumlichkeiten befinden«*. Das würde also für ein Gebäude oder eine Statue gelten, nicht unbedingt jedoch für »Pop-Up«-Kunst an einem öffentlichen Ort.

Viele (aber nicht alle) europäische Länder und die USA haben ähnliche Ausnahmen für öffentliche Orte. Es gibt hierbei jedoch Unterschiede – US-Gesetze z. B. erstrecken sich nicht auf Skulpturen und das EU-Gesetz verlangt nicht, dass alle Länder die Regel gleich umsetzen. Die Ausnahmen hängen also vom Motiv ab, davon, ob es dauerhaft öffentlich ausgestellt wird, von wo aus das Foto gemacht wurde und für welchen Zweck es gedacht ist. Herumreisende Fotografen sollten sich daher über die lokalen Regelungen informieren.

Kann jemand einen Blick von etwas besitzen, etwa wenn die Aussichtsplattform in Privatbesitz ist?

Zum Glück nicht – zumindest nicht im Sinne des geistigen Eigentums. Falls Sie sich jedoch auf einem Privatgrundstück befinden und die Erlaubnis des Besitzers brauchen, um dort zu sein, kann dieser seine eigenen Bedingungen stellen (wie etwa Fotobeschränkungen). Gehen Sie also nicht davon aus, dass Ihnen die Eintrittskarte das Recht gibt, frei zu fotografieren und die Bilder beliebig zu verwerten.

Ähnliche Einschränkungen kann es für Theater, Kinos oder Galerien geben. Neben den Vertragsbedingungen des Ortes gibt es klare Einschränkungen für das Fotografieren der gezeigten Werke, die zwar öffentlich dargeboten werden, aber dennoch dem Urheberrechtsschutz unterliegen. Das kann das Fotografieren von Kunstwerken betreffen (auch wenn ältere Gemälde vielleicht nicht mehr diesen Schutz genießen) aber auch das Abfilmen eines Filmes oder Theaterstücks. Und Laden- oder Restaurantbesitzer dürfen Sie des Ortes verweisen, auch wenn sie Ihre Ausrüstung nicht konfiszieren können.

Welche Art von Motiven sind geschützt?

Wie angemerkt, unterscheiden sich die Rechte für Theater- und Musikwerke von denen für öffentliche Skulpturen und Gebäude. Es ist in gewissem Sinne ungeklärt, in welche Kategorie ein »Stillleben« fällt, das für ein Foto arrangiert wurde: Besitzt der Fotograf das Recht, das Bild zu verwerten, der Art Director oder beide? Ein berühmtes Beispiel aus Großbritannien war das Cover-Bild für ein Oasis-Album, das heimlich fotografiert und in einer Zeitung veröffentlicht wurde. Das Gericht entschied zugunsten des Fotografen und vertrat damit die traditionelle Ansicht, dass die Rechte desjenigen, der den Auslöser drückt, über allen anderen Rechten steht. Das britische und europäische Urheberrecht neigt inzwischen aber dazu, die »geistige« Schöpfung über den technischen Akt des Fotografierens zu stellen, so dass ein ähnlicher Fall heute anders ausgehen könnte. Falls Sie also eine Szene fotografieren, die von einem Assistenten/Art Director aufgebaut wurde, versichern Sie sich vorher schriftlich, wer die Rechte besitzt und was Sie mit den Fotos machen dürfen.

Städte werden von jemandem gebaut und bezahlt. Aber wem gehören die Straßen, Fußwege und Plätze wirklich?

Die Eigentümerschaft an Gebäuden ist meist klar: Die Person, der das Land gehört, besitzt die Immobilie, auch wenn der Architekt oft die Rechte an seinem Entwurf behält. Komplizierter wird es bei städtischen Einrichtungen wie Straßen und Fußwegen, auch wenn die Antwort einfach scheint: Handelt es sich nicht um Privatbesitz, hat die Öffentlichkeit dafür bezahlt und besitzt es.

Kann ich also einfach drauflos knipsen?

Rechtliche Probleme beim Fotografieren von Orten gibt es immer dann, wenn ein offensichtliches Risiko besteht, etwa ein berühmtes Kunstwerk, den privaten Pool einer Prinzessin oder eine Ausbildungsstätte des Geheimdienstes zu fotografieren.

Manchmal allerdings wird auch aggressiv auf den Rechten bestanden, wenn die rechtliche Basis zweifelhaft ist. So versuchen manche Stock-Foto-Unternehmen, bestimmte Einsatzzwecke für ihre Landschaftsbilder zu verbieten oder fordern ihre Mitarbeiter auf, bestimmte Gebäude nicht in den Mittelpunkt ihrer eingereichten Bilder zu stellen. Damit versucht man, alle theoretischen Risiken für die eigenen Bildkataloge auszuschließend, die potenziell ein reiches Ziel für Anwaltskanzleien bilden.

Private und journalistische Nutzungen von Bildern erfahren meist mehr rechtliche Ausnahmen, als der Einsatz für kommerzielle oder künstlerische Zwecke. Am häufigsten kommt es bei rein kommerziellen Nutzungen zu Beschwerden. Aber selbst die aggressivsten Eigentümer brauchen eine glaubwürdige rechtliche Grundlage, um gegen jemanden vorzugehen. Und wenn Sie öffentliche Objekte und Orte fotografieren, werden Sie ihnen nur selten Gelegenheit dazu bieten.

Owen O'Rorke ist Experte für britisches Medien- und Urheberrecht bei Farrer & Co.

Beachten Sie, dass alle Fälle von den Fakten abhängen und hier kein verbindlicher rechtlicher Rat erteilt, sondern nur allgemein auf die Gesetzlichkeiten hingewiesen werden soll. Die Rechtsprechung unterscheidet sich von Land zu Land. Falls Sie Hilfe brauchen, wenden Sie sich an einen Rechtsbeistand.

Fehlerbehebung

Mit welcher Kamera kann ich Orte am besten fotografieren?

Das hängt ganz davon ab, welche Orte Sie fotografieren wollen und wie Sie das tun möchten. Die Fotografen in diesem Buch nutzen ein ganzes Spektrum an Kameras, von iPhones (Kathy Ryan, S. 108) über DSLRs (Floto + Warner, S. 39) bis zu großformatigen Kameras (Steffi Klenz, S. 107). Schauen Sie sich diese Beispiele noch einmal an. Sie stellen fest, dass die Wahl der Kamera sowohl eine konzeptionelle als auch eine technische Frage ist.

Und was ist mit den Objektiven?

Hier gilt das gleiche. Das Objektiv, für das Sie sich entscheiden, sollte sich für das Motiv eignen. Benutzen Sie auf jeden Fall immer hochwertige Objektive. Zoomobjektive sind vielseitiger, Festbrennweitenobjektive dagegen haben eine schärfere Optik. Vielleicht ist es deshalb sinnvoll, sich im Laufe der Zeit eine Reihe von Festbrennweitenobjektiven – von kurz bis lang – anzuschaffen.

Warum habe ich eine große Schärfentiefe, obwohl ich eine große Blende/eine niedrige Blendenzahl benutze?

Möglicherweise benutzen Sie ein Weitwinkelobjektiv oder fokussieren auf etwas, das weit entfernt liegt. Das ergibt immer eine große Schärfentiefe. Versuchen Sie, einzuzoomen oder auf etwas zu fokussieren, das nicht so weit entfernt liegt.

Warum habe ich eine flache Schärfentiefe, obwohl ich eine kleine Blende/eine hohe Blendenzahl benutze?

Wahrscheinlich verwenden Sie ein Teleobjektiv oder fokussieren auf etwas, das dicht bei Ihnen liegt. Versuchen Sie, auszuzoomen oder auf etwas zu zoomen, das weiter entfernt liegt.

Warum ist der Himmel so ausgebrannt?

Der Himmel ist fast immer heller als das Land, selbst an bedeckten Tagen. Sie haben den Belichtungswert vermutlich anhand der dunkleren Landschaft ermittelt, so dass der Himmel überbelichtet wurde. Nutzen Sie die Belichtungskorrektur und stellen Sie Richtung - um das Bild leicht unterzubelichten und damit mehr Details am Himmel herauszuholen.

Was ist eine Belichtungsreihe?

Mit einer Belichtungsreihe nehmen Sie mehrere Bilder desselben Motivs bei unterschiedlichen Belichtungen auf, von unterbelichtet bis überbelichtet. Die meisten DSLRs erlauben eine Automatische Belichtungsreihe (Auto Exposure Bracketing; **AEB**). Das ist ganz praktisch, wenn eine Szene extreme Lichter und Schatten bietet, wie z. B. eine Landschaft mit Himmel und Land. Erstens heißt das, dass eine Belichtung »korrekt« sein wird. Zweitens können Sie die Belichtungen in einem Bildbearbeitungsprogramm kombinieren, um ein Bild mit einem größeren Tonwertumfang herzustellen. Das ist vergleichbar mit **HDR** (Higher Dynamic Range). Übertriebenes **HDR** ist allerdings meist einfach nur kitschig, bleiben Sie daher bitte mit Ihrem Bild im realistischen Bereich.

Belichtungsreihe vs. HDR?

Die **AEB**-Funktion (Automatische Belichtungsreihe) Ihrer Kamera liefert mehrere Einzelbilder mit unterschiedlichen Belichtungen. Diese können Sie dann in einem Programm miteinander zu einem Bild mit einem größeren Tonwertumfang kombinieren. Die **HDR**-Funktion Ihrer Kamera erledigt dies quasi schon im Gerät. Das sollten Sie am besten vermeiden, da Sie dabei nur wenig Kontrolle haben und das Ergebnis ganz übel aussehen kann.

Warum sehen meine Landschaftsfotos alle ein bisschen flach aus?

Alle digitalen Dateien, vor allem RAW-Dateien, müssen mit einer Bildbearbeitungssoftware ein wenig aufgemotzt werden. Es ist daher normal, dass Ihre Landschaften direkt aus der Kamera ein wenig flach aussehen. Es könnte aber auch an der Beleuchtung liegen. Haben Sie an einem bedeckten Tag fotografiert? Gab es nur wenige Schatten? War es dunstig und haben Sie in die Ferne fotografiert?

Wie kann ich dafür sorgen, dass meine Fotos von Orten weniger »beliebig« aussehen?

Nun, das lässt sich leider nicht in einem einzigen Absatz beantworten. Lesen Sie den Abschnitt »Orte« noch einmal durch. Sie werden sehen, dass alle Fotografen die Orte, die sie fotografiert haben, auf ganz eigene Weise betrachten. Sie haben die offensichtlichen Aufnahmen der berühmten Sehenswürdigkeiten vermieden und unsere Aufmerksamkeit stattdessen auf ungewöhnlichere Motive gelenkt. Denken Sie daran, damit eine Fotografie an Bedeutung gewinnt, müssen Sie das »was, wann und wie« miteinander verheiraten.

Bildnachweise

S. 8 Mit frdl. Genehmigung Kyler Zeleny; **S. 11** J. Paul Getty Museum; **S. 12** DANCKAERT, 549 (Hong Kong), 2011, Pigmentdruck auf Kunstdruckpapier, 39 x 58 cm, edition 3 © Bert Danckaert. Mit frdl. Genehmigung Roberto Polo Gallery, Brüssel; **S. 15** © Tim Hetherington/ Magnum Photos; **S. 16** © Mitch Epstein/Black River Productions, Ltd. Mit frdl. Genehmigung Galerie Thomas Zander, Köln. Alle Rechte vorbehalten; **S. 19** Bild mit frdl. Genehmigung von Mitch Dobrowner; **S. 20** Mit frdl. Genehmigung Massimo Vitali; **S. 22** Mit frdl. Genehmigung Joel Meryerowitz, mit frdl. Genehmigung Howard Greenberg Gallery; **S. 24** © Stephen Tourlentes; **S. 27** © Lee Friedlander, mit frdl. Genehmigung Fraenkel Gallery, San Francisco; **S. 28** © Yoshinori Mizutani, Regen, 2015, mit frdl. Genehmigung IMA Gallery; **S. 32** Mit frdl. Genehmigung John Hilliard; **S. 35** Simon Norfolk/INSTITUTE; **S. 36** Mit frdl. Genehmigung und © Charles March; **S. 39** Floto + Warner; **S. 40** Mit frdl. Genehmigung Olaf Otto Becker; **S. 43** Mit frdl. Genehmigung John Gossage; **S. 44** Mit frdl. Genehmigung Rinko Kawauchi; **S. 47** Bild © und mit frdl. Genehmigung Kikuji Kawada/ PGI; **S. 48, 50, 51** Icons hergestellt durch Freepix von flaticon.com; **S. 52** © Richard Misrach, mit frdl. Genehmigung Fraenkel Gallery, San Francisco; **S. 55** © Harry Cory Wright; **S. 56** © Philippe Chancel / Melanie Rio Gallery; **S. 59** Mit frdl. Genehmigung Fraenkel Gallery, San Francisco, © Robert Adams und die Fraenkel Gallery; **S. 60** © Harry Gruyaert/Magnum Photos; **S. 63** © Alec Soth/Magnum Photos; **S. 65** Foto © Centre Pompidou, MNAM-CCI, Dist. RMN-Grand Palais / Jacques Faujour © Estate Brassaï-RMN-Grand Palais; **S. 66** Mit frdl. Genehmigung Rut Blees Luxemburg; **S. 69** © Todd Hido; **S. 74** Henry Carroll; **S. 77** © Richard Mosse, Bild mit frdl. Genehmigung des Künstlers, Jack Shainman Gallery und Galerie Carlier Gebauer; **S. 78** Copyright Dodo Jin Ming, mit frdl. Genehmigung Laurence Miller Gallery (Bild aus einem Traum, 9. März 2000: Within you there is a fire / Within the fire / An expanse of water); **S. 81** © Tina Hillier; **S. 82** Jorma Puranen, Mit frdl. Genehmigung der Purdy Hicks Gallery; **S. 85** Mit frdl. Genehmigung David Zwirner, New York/London. © DACS 2016; **S. 86** J. Paul Getty Museum/Open Content Program; **S. 89** © Matt Siber; **S. 92** © Mike Slack; **S. 95** © Ansel Adams Publishing Rights Trust/CORBIS; **S. 96** Anzenberger Gallery http://www.anzenbergergallery.com; **S. 99** ©Martin Parr/Magnum Photos; **S. 100** © John Davies 1983; **S. 103** Fay Godwin/Collections Picture Library; **S. 104** © Dillon Marsh; **S. 107** © Steffi Klenz; **S. 108** Mit frdl. Genehmigung Kathy Ryan; **S. 111** Bilder mit frdl. Genehmigung Sonnabend Gallery, New York; **S. 113** © Joel Sternfeld; mit frdl. Genehmigung des Künstlers und Luhring Augustine, New York.; **S. 114** Mit frdl. Genehmigung Joan Fontcuberta; **S. 117** »Rio Vista Boulevard« aus der Serie »Gold Coast«, Copyright Ying Ang, 2011; **S. 118** Copyright: © National Geographic Creative / Alamy Stock Photo

Danksagungen

Ein riesiger Dank geht an Sara Goldsmith, Peter Kent, Alex Coco, Jo Lightfoot, Eleanor Blatherwick und alle anderen bei Laurence King, die an diesem Buch mitgearbeitet haben. Außerdem an Luke Butterly (lukebutterly.com.au), Owen O'Rorke (farrer.co.uk), Francesco Solfrini (lefotodifrancesco.com), Joseph Kwaku Sarkodie (sarkodie.com), Christopher Stewart, Esther Teichmann (estherteichmann.com), Caroline Roughley, Ruby Grose (rubygrosedesign.com), Melina Hamilton (melinahamilton.com), Selwyn Leamy (selwynleamy.com) und die 50 vorgestellten Fotografen. Danke schön!

Über den Autor

Henry Carroll ist Fotograf, Autor und Redner. Von ihm stammt der Bestseller *Big Shots! Die Geheimnisse der weltbesten Fotografen*. Er ist Mitgründer von frui.co.uk, einem der größten Anbieter von Fotokursen, -ferien und -veranstaltungen in Großbritannien. Er graduierte in Fotografie am Royal College of Art und seine Fotos waren in einer Reihe internationaler Ausstellungen und Publikationen zu sehen (henrycarroll.co.uk).

Index

Fettgedruckte Seitenzahlen beziehen sich auf Bilder